21世纪高职高专规划教材·汽车运用与维修系列

汽车电路分析

主编　隋礼辉　张晓云

中国人民大学出版社
·北京·

21 世纪高职高专规划教材·汽车运用与维修系列

编委会

出版说明

进入21世纪以来，随着我国汽车工业的迅猛发展和人民生活水平的不断提高，随着公路运输设施和城市基础设施建设投资的迅速增加，以及政府鼓励汽车消费政策的逐步实施，我国汽车保有量迅速增长。目前，我国汽车数量每年以两位数的增长率递增，据此，预计仅汽车维修业近两年就将新增80万从业人员，其中大部分从业人员需要接受职业教育与培训。中国人民大学出版社经过充分的市场调研，策划出版了这套高职高专汽车运用与维修专业的系列教材。

本套教材紧密贴近我国高职教学改革的实际，力求体现以下几个特点。

1. 以企业需求为基本依据，以就业为导向

教材的编写以就业为导向，以能力为本位，能够满足企业的工作需求，提高学生学习的主动性和积极性。我们对每本书的主编精心遴选，除了要求主编必须是高职院校的骨干教师外，还要求他们有在一线汽车相关企业的工作经验或实验实训经历，确保教材的内容既能紧密贴合教学大纲，又能准确把握市场需求、加强实践操作环节内容。

2. 适应汽车企业技术发展，体现教学内容的先进性和前瞻性

本套教材关注我国汽车制造和维修企业的最新技术发展，通过校企合作编写的形式，及时调整教材内容，突出本专业领域的新知识、新技术、新工艺和新方法，克服旧教材存在的内容陈旧、更新缓慢、片面强调学科体系完整、不能适应企业发展需要的弊端。每本教材结合专业要求，使学生在学习专业基本知识和基本技能的基础上，及时了解、掌握本领域的最新技术及相关技能，实现专业教学基础性与先进性的统一。

3. 教材内容按模块化形式编写

教材力求摆脱学科课程旧思想的束缚，从岗位需求出发，尽早让学生接触实践操作内容。根据具体的专业情况，有的是每本书一个模块，有的是每本书分为多个模块，每部分内容都以工作岗位所需要的技能展开。

4. 跨区域开发、整合多方优势

由于我国幅员辽阔，各地区经济发展都具有不同的地域特点，而作为与经济建设密切相关的职业教育也必然存在区域间的差异。为了打造出一套适用性强、博采众长的教材，我们在教材的策划阶段，即与不同区域的众多开设汽车相关专业的高职院校取得了联系，并进行了深入调研，经过反复研讨后确定了具体的编写大纲。教材在编写过程中得到了辽宁交通高等专科学校、承德石油高等专科学校、长春汽车工业高等专科学校、内蒙古交通职业技术学院、河南交通职业技术学院、河北交通职业技术学院、广东轻工职业技术学院等二十多家职业院校的参与与大力支持。

5. 教材配备完善的立体化教学资源

在研发本系列教材的同时，我们希望能够在相关课件的开发制作方面做出自己的特色，从而提升教材的核心竞争力。通过对市场的前期调研，我们对目前已经出版的相关教

材配套课件情况进行了分析，针对目前同类产品存在的不足，制定了专业基础课教材课件完整、专业主干课教材演示视频丰富、全系列教材教学资源整合形成网上资源平台的策划思路，力求使本套教材成为真正的立体化教材。

本套教材在编写过程中，除了得到多所高职院校的帮助外，《汽车维修技师》、辽宁交通高等专科学校汽车研究所、辽宁鑫迪汽车销售服务有限公司、大连新盛荣汽车销售服务有限公司、辽宁宝时汽车销售服务有限公司、安徽宝德汽车维修有限公司等在技术和资料方面给予了很多支持，在此表示衷心的感谢。

希望本套教材的出版能够为高职高专院校汽车运用与维修专业的教学工作起到积极的促进作用，也欢迎本套教材的使用者针对教材中存在的不足提出宝贵的建议。

中国人民大学出版社

前言
Preface

温家宝同志曾指出：从某种程度上说，职业教育就是就业教育。围绕这一指示，全国各高等职业院校都在进行积极而有益的探索，汽车专业教学更是在全国率先进行了教学改革。作为汽车专业课程里技术含量最高，同时又是最难懂的一门课程——汽车电路分析，则是各相关院校研讨的重点。为了使广大师生能更快地掌握汽车电路基础和电路读图方法，我们在收集大量资料的基础上编写了此书。

由于各汽车生产厂家的电路设计特点和电路表示方法不同，给广大汽车从业人员识读电路图带来了一定的麻烦。本书从简单电路入手，分车系介绍了典型车系电路图的识读方法。在此基础上，对汽车的电源电路、启动电路、点火电路、灯光电路、仪表电路、报警系统电路及辅助电器系统电路、电子电路进行了分析，使广大读者不但能够对汽车电路有整体的认识，而且对局部电路的构成也有了深入的了解。本书在编写过程中，本着由浅入深、由易到难的原则进行内容编排。所选内容力求做到图文并茂，新颖实用。读者通过阅读本书，不但可以增加一定的理论知识，还可以提高自己的实践技能。

本书既可作为高等职业院校相关专业的教材，也可以供广大汽车修理从业人员参考。

本书编写人员有隋礼辉、张晓云、王晓军、隋礼江、杨洋、王陆峰、王英凯、郭康隆。由隋礼辉、张晓云主编。

本书在编写过程中，参考了大量国内外同类教材、著作、论文、原版汽车维修手册及网络内容，限于篇幅，不能在参考文献中一一列出，在此谨致以诚挚的歉意和感谢。

由于编者水平有限，书中难免有缺点和不足，敬请读者批评指正。

编者

2010年1月

目录

Contents

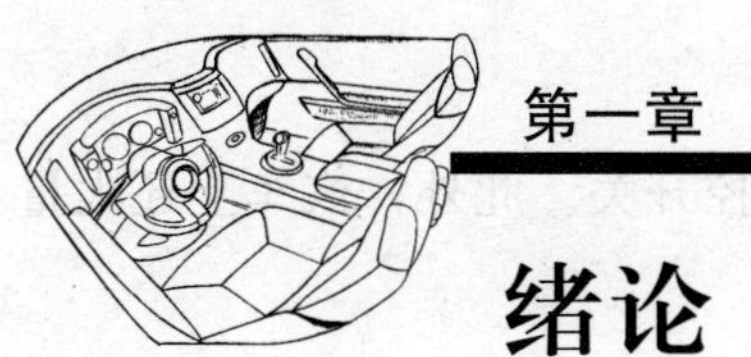

第一章

绪论

第一节 汽车电路概述

一、汽车电路的概念与组成

汽车电路是汽车电气线路的简称，亦即用选定的导线将全车所有的电气设备相互连接成直流电路，构成的一个完整的供、用电系统。

汽车电路主要由电源、电路保护装置、控制器件、用电设备及导线组成，如图 1—1 所示。

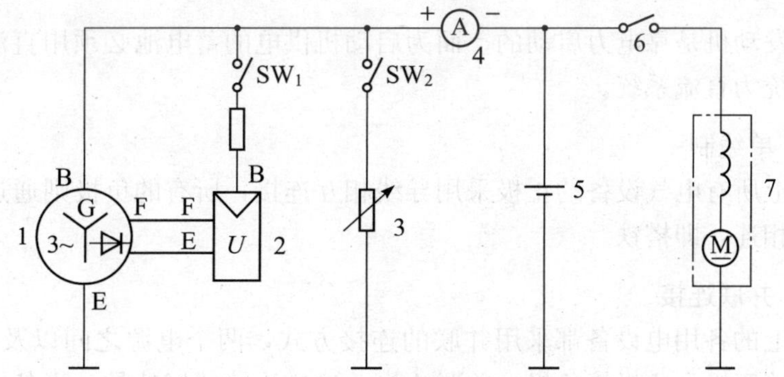

图 1—1 汽车电路的组成

1—发电机；2—调节器；3—用电设备；4—电流表；5—蓄电池；6—启动开关；7—启动机

（一）电源

汽车上装有两个电源，即蓄电池和发电机。其功能是保证汽车各用电设备在不同工况下都能投入正常工作。

（二）电路保护装置

电路保护装置主要有熔断器、电路断电器及易熔线等，其功能是在电路中起保护作用。当电路中流过超过规定的电流时切断电路，防止烧坏电路连接导线和用电设备。

(三) 控制器件

汽车上的控制器件主要有各种手动开关、压力开关、温控开关。此外，汽车上还大量使用电子控制器件，如电压调节器和电子控制单元等。

(四) 用电设备

汽车上的用电设备包括电动机、电磁阀、灯泡、仪表、各种电子控制器件和部分传感器等。

(五) 导线

导线用于将上述各种装置连接起来构成电路。

二、汽车电路的特点

汽车上电气与电子设备种类繁多，理解起来具有一定难度，但认真研究可以发现汽车电路的线路连接都是有规律可循的。主要表现在以下几个方面：

(一) 低压

汽车电气系统的额定电压主要有12V和24V两种。一般来说，汽油机采用12V电源，柴油机采用24V电源。发动机运转时，由发电机供电，12V电压系统的电压实测值一般为14V左右，24V电压系统的电压实测值可达28V左右。

(二) 直流

汽车发动机是靠电力启动的，而为启动机供电的蓄电池必须用直流电源充电，所以汽车电气系统为直流系统。

(三) 单线制

汽车上所有电气设备的正极采用导线相互连接，所有的负极则通过导线与车架或车身金属部分相连，即搭铁。

(四) 并联连接

汽车上的各用电设备都采用并联的连接方式，两个电源之间以及所有用电设备之间，都是正极接正极，负极接负极，并联连接。这样连接的好处是，当其中一个用电设备损坏时，不影响其他设备正常工作。

(五) 负极搭铁

我国标准规定，汽车线路统一采用负极搭铁，即蓄电池的负极通过车身与用电设备的负极相连构成回路。

(六) 设有电路保护装置

为了防止因短路或搭铁而烧毁线束，电路中一般设有保护装置，如熔断器、熔丝、电路保护开关等。

(七) 汽车线路有颜色和编号特征

为了便于维修及区分各线路的连接，汽车所有低压导线，都选用了不同颜色的导线，并在每条导线上进行编号。

第二节　汽车电路分析课程概要

一、课程的性质和教学目标

本课程介绍的是汽车电路分析的基础知识，它包括汽车电路分析基础、汽车电路图识读、典型汽车电器电路分析、汽车电路检修、汽车电子电路图识读等，是一门理论和实践紧密结合的专业技能课。

通过本课程的学习，学生可以掌握汽车电路的组成、识图方法、电路组成规律，初步掌握识读常见车型汽车电路图、分析汽车电路的方法，以及测试常用电路功能和排除故障的技能，为后续课程的学习做好知识储备，为今后从事实际工作打下坚实的基础。

二、本课程的学习方法

汽车电路分析是一门重要的专业技能课，它的理论性和实践性都很强，有些内容较抽象，知识更新也较快，要学好本课程应注意掌握以下学习方法：

第一，做好课前预习。

在教师上课前，应先浏览教材，初步了解新课程的基本内容，找出书中重点、难点和预习过程中产生的疑问，在教师授课时有针对性的听课，这样可以大大提高听课的效率。

第二，学会听课。

听课是学习的重要环节，应集中注意力，使思维处于积极活跃的状态，开动脑筋，勤于思考，细心观察教师的各种演示，并做好笔记，以便课后复习和巩固。

第三，重视课后复习。

课后应认真阅读课本，翻阅课堂笔记，独立完成教师布置的作业。应重点掌握电路的分析方法，并能够运用电路图来分析汽车电路故障，解决实际问题。

第四，加强实践。

汽车电路分析是实践性很强的一门课程，因此实践环节在课程中占有非常重要的地位。同学们应当认真完成课程中的每一项技能训练，通过分析电路、排除故障的实践，进一步巩固所学课程内容，提高汽车电路检测的能力。

在本课程的学习过程中，只要注意学习方法，勤奋努力，勤于动手实践，相信你一定能掌握汽车电路分析的技能，为今后的学习、工作打下坚实的基础。

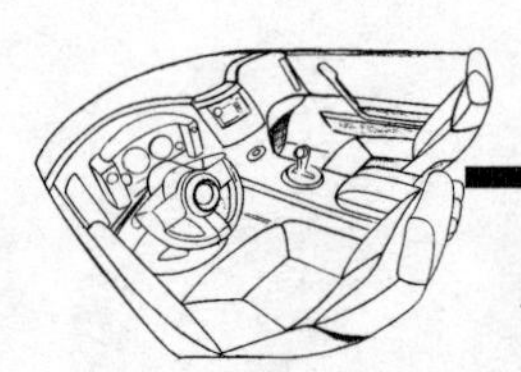

第二章

汽车电路分析基础

第一节　汽车电路基础元件

一、导线

（一）汽车导线的识别

汽车电气设备的连接导线均为绝缘包层多股铜线，按承受电压的高低，可分为低压导线和高压导线两种。

1. 低压导线

低压导线按其用途可分为普通低压导线和低压电缆线两种。汽车充电系统、仪表、照明、信号及辅助电器设备等，均使用普通低压导线，而启动机与蓄电池的连接线、蓄电池与车架的搭铁线等则采用低压电缆线。

（1）普通低压导线的类型和结构。

1）普通低压导线的类型。普通低压导线分为采用聚氯乙烯作绝缘包层的 QVR 型，和采用聚氯乙烯-丁腈橡胶复合物作绝缘包层的 QFR 型两种。两种导线绝缘层的耐低温性、耐油性和阻燃性都比较好，尤以后者为佳。

2）普通低压导线线芯结构。普通低压导线的线芯采用多股铜质线芯结构，这是由于铜质多股线芯承受反复弯曲的能力好，不易折断，制成线束后的柔韧性较好，安装方便。表 2—1 列出了普通低压导线的线芯型号与规格。

表 2—1　　汽车用低压导线的型号与规格

型号	名称	标称截面积（mm^2）	线芯结构		绝缘层标称厚度（mm）	导线最大外径（mm）
			根数	直径（mm）		
QVR	聚氯乙烯绝缘低压导线	0.5			0.6	2.2
		0.6			0.6	2.3
		0.8	7	0.39	0.6	2.5
		1.0	7	0.43	0.6	2.6
		1.5	17	0.52	0.6	2.9
		2.5	19	0.41	0.8	3.8

续前表

型号	名称	标称截面积（mm^2）	线芯结构		绝缘层标称厚度（mm）	导线最大外径（mm）
			根数	直径（mm）		
QFR	聚氯乙烯-丁腈复合物绝缘低压导线	4	19	0.52	0.8	4.4
		6	19	0.64	0.9	5.2
		8	19	0.74	0.9	5.7
		10	49	0.52	1.0	6.9
		16	49	0.64	1.0	8.0
		25	98	0.58	1.2	10.3
		35	133	0.58	1.2	11.3
		50	133	0.68	1.4	11.3

(2) 汽车用低压电缆线的类型和结构。

1) 铅蓄电池的连接线。此连接线是指汽车上将两只铅蓄电池相互连接时所用的导线，其标称截面积一般在 $4mm^2$～$25mm^2$ 范围内，允许载流量为 25A～200A，通常都已制成定型产品，长度有 200mm 和 300mm 两种。

2) 铅蓄电池的搭铁线。铅蓄电池的搭铁线是由铜丝编成的扁形软导线，两端焊有接线卡，国产定型的搭铁线常见的有 300mm、450mm、600mm、760mm 等几种。

3) 启动机导线。此导线是指启动机开关主接线柱与铅蓄电池的连接导线，标称截面积一般在 $16mm^2$～$95mm^2$ 范围内，允许载流量为 200A～1 000A。

2. 高压导线

高压导线在汽车上的应用主要是点火线。点火线按其结构的不同又可分为普通铜芯高压线和高压阻尼线两种。高压阻尼线可抑制或衰减点火系统所产生的、会对无线电设备产生干扰的电磁波。

(二) 汽车导线的选用

1. 低压导线的选用

(1) 普通低压导线的选用。汽车上各种用电设备所用的连接导线，通常是根据其负载电流大小来适当选择不同截面积的导线的。其选取原则为：长时间工作的用电设备可选用实际载流量为导线载流量的 60％的导线，短时间工作的用电设备可选用实际载流量为导线载流量 60％～100％之间的导线。

在选用导线时，还应考虑电路中的电压降和导线发热等问题，以免影响用电设备的电气性能或超过导线的允许温度。为保证一定的机械强度，一般低压导线截面积不小于 $0.5mm^2$。

(2) 低压电缆线的选用。在汽车低压线路中，一般要求每 100A 电流产生的电压降不得大于 0.15V。为了减小电压降，在条件许可的情况下，电缆线越短越好。

2. 高压导线的选用

高压导线的绝缘性能是评价高压导线性能的主要指标，因此选择高压导线的依据是导线是否有足够高的耐压值。高压导线的耐压值应在 15 000V 以上，且耐潮湿性能良好，若将其浸入温水中浸泡 3h，取出后以 50Hz、15 000V 的交流电压试验 5min，导线不应被击穿。高压导线在$-40℃\sim+70℃$的环境温度中应能正常工作。一般正常的车用寿命为4.5×10^4km$\sim5\times10^4$km。

二、导线接头与连接器

（一）导线接头

1. 导线接头的技术要求

（1）接头表面应整洁、无毛刺和突起。

（2）接头应能保证装到导线或电器上时不出现断裂或裂纹。

（3）接头应用压接、熔焊、冷挤、锡焊或相互组合的方法装到导线线芯上。线芯截面积为2.5mm²及以下的导线的接头必须夹住导线的绝缘体。

（4）接头必须经受耐潮试验而不破坏其接触可靠性。

（5）接头在导线上的接合牢固性应符合下列规定：

1）对于截面积为0.5mm²～0.75mm²的导线，应能承受不小于79N的静拉力。

2）对于截面积为1mm²～6mm²的导线，应能承受不小于118N的静拉力。

3）对于截面积为6mm²以上的导线应承受不小于176N的静拉力。

2. 汽车用蓄电池导线接头

汽车用蓄电池导线接头分为A型、B型、C型。A、B型为压铸铜合金材质，C型为铜板材质。蓄电池桩头直径为16mm，适用导线截面为25mm²的A型蓄电池导线接头，如图2—1所示。

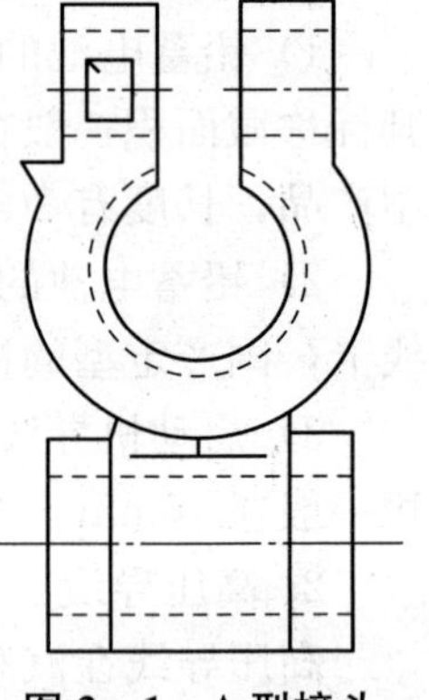

图2—1　A型接头

B型蓄电池导线接头如图2—2所示。

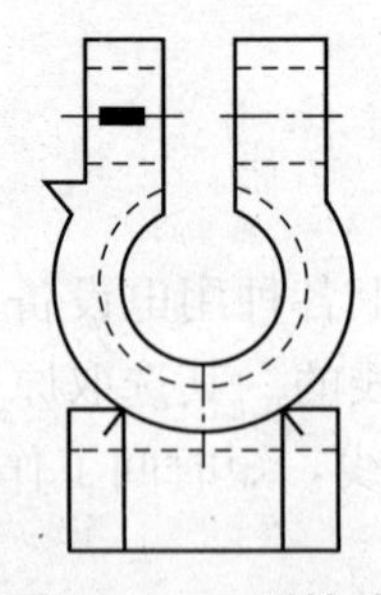

图2—2　B型接头

螺栓直径为8mm，适用导线截面为35mm²的C型蓄电池导线接头，如图2—3所示。

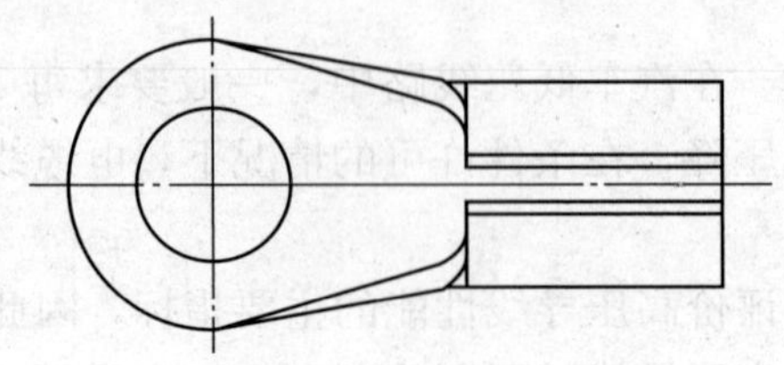

图2—3　C型接头

3. 汽车用低压导线接头

导线接头按其外形可分为圆形、叉形、横置叉形 3 种，如图 2—4 所示。

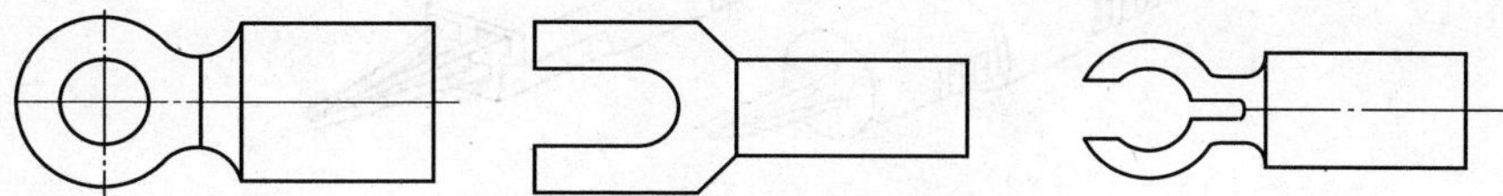

图 2—4　低压导线接头的形式

4. 汽车用点火线导线接头

汽车用点火线导线接头如图 2—5 所示。

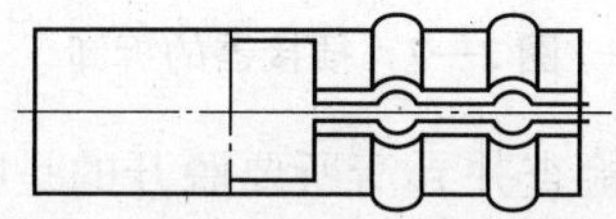

图 2—5　汽车用点火线导线接头

（二）连接器

连接器也称插接器，由插头和插座两部分组成，用于电气设备与线路的连接和线路之间的连接。

连接器的符号如图 2—6 所示，通常用带有涂黑的符号表示连接器的插头，没有涂黑的符号表示连接器的插座；有倒角的符号表示插头、插脚呈柱状；直角的符号表示插头、插脚为片状。

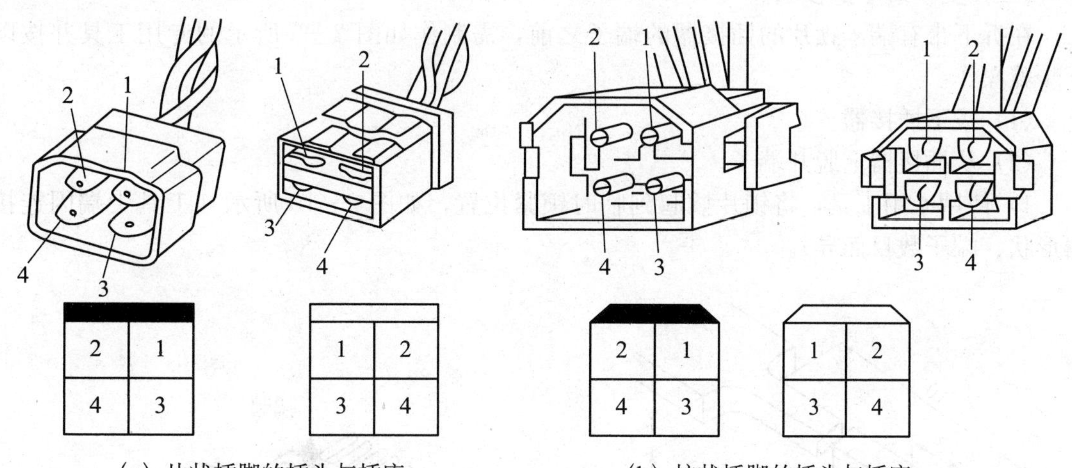

(a) 片状插脚的插头与插座　　(b) 柱状插脚的插头与插座

图 2—6　线路连接器

为了防止在汽车行驶过程中插接器脱开，所有的插接器均采用闭锁装置。也就是在插接器两个端子上装有卡片，插接器插紧后，用卡片把两端锁住。当要拆开插接器时，只要按下闭锁就可以把插接器拆开。不压下闭锁时绝不可用力猛拉导线，以免损坏导线，如图 2—7 所示。

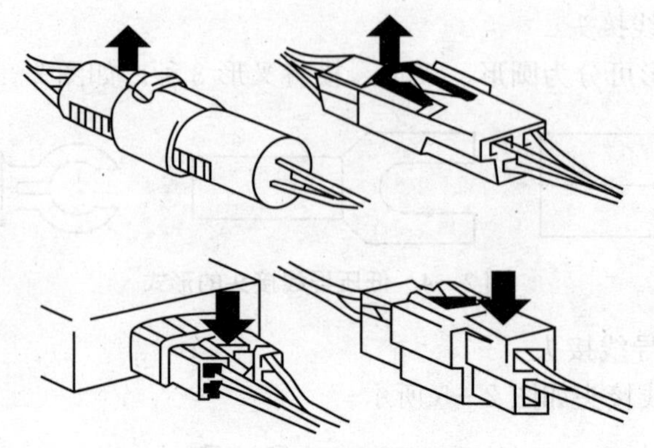

图 2—7　插接器的拆卸

注意在拆开插接器之前，要检查并弄清所要脱开的是哪种插接器，各种插接器的脱开方式如图 2—8 所示。

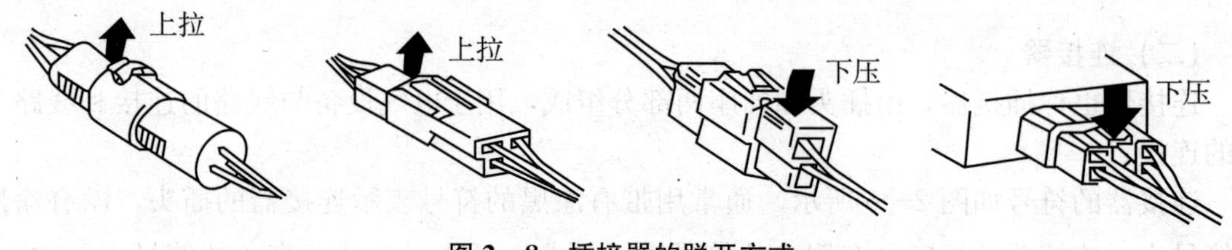

图 2—8　插接器的脱开方式

（三）更换端子的步骤

在拆下带有端子锁片的插接器的端子之前，需制作如图 2—9 所示的专用工具并按以下步骤操作。

（1）拔下插接器。

（2）从插接器上脱开端子。

1）使用专用工具，将锁片撬起到临时锁紧位置，如图 2—10 所示（工具尖端因连接器形状、端子数目而异）。

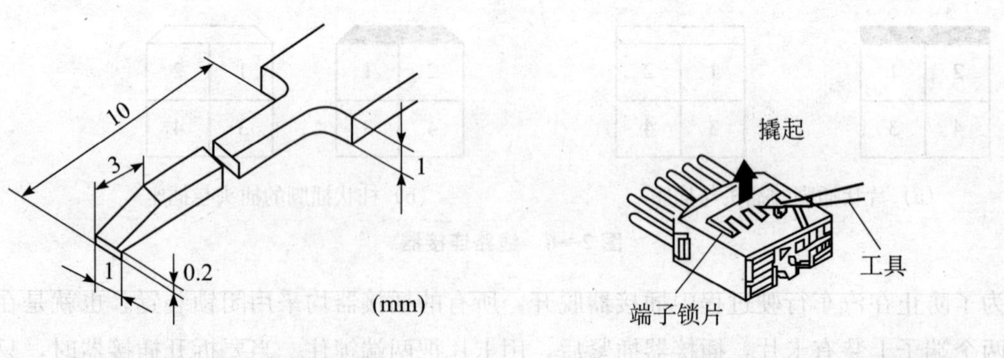

图 2—9　拆卸端子的专用工具　　图 2—10　将锁片撬起到临时锁紧位置

2）使用专用工具，松开锁紧凸耳，从后面将端子拉出，如图 2—11 所示。

（3）将端子装在插接器上。

1）插入端子，如图 2—12 所示。

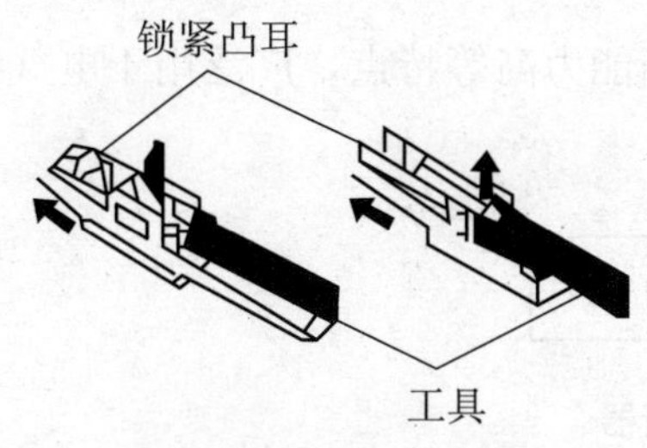

图 2—11　将端子拉出

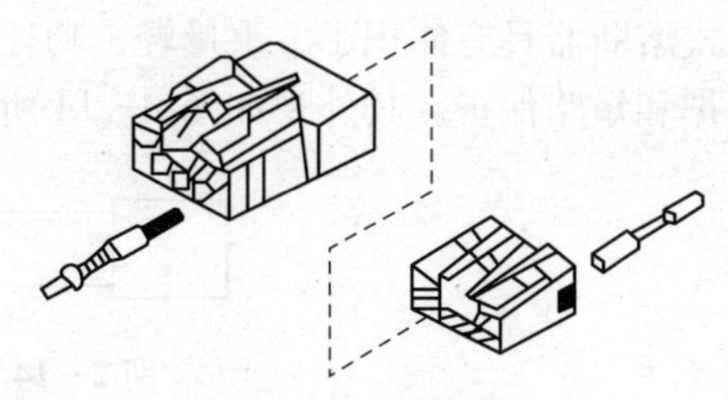

图 2—12　插入端子

插入端子时应注意：第一，务必使端子的位置正确；第二，将插接器插入，直到锁紧凸耳牢牢锁住；第三，将锁片在临时位置锁紧，将端子插入。

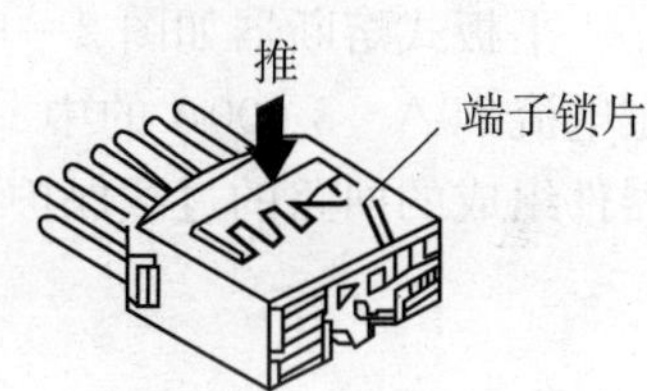

图 2—13　插入锁片

2）将锁片尽可能推入，直到完全锁紧位置，如图 2—13 所示。

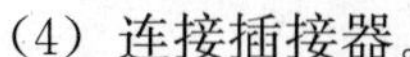

（4）连接插接器。

三、熔断器和易熔线

熔断器和易熔线在电路中起安全保护作用。当电路过载或短路时，由于电流过大串联在汽车电路中的熔断器或易熔线便会发热而熔断，切断被保护电路，以防止线路和用电设备被烧毁。

（一）熔断器

熔断器的保护元件是熔丝，串联在需要保护的电路中。一般情况下，当通过熔断丝的电流达到额定电流的 1.35 倍时，熔丝会在 60s 内熔断；当通过电流达到额定电流的 1.5 倍时，20A 以下的熔丝会在 15s 内熔断，30A 的熔丝会在 30s 内熔断。熔断器的熔丝通常固定在可插式塑料片上或封装在玻璃管内。常见的熔断器类型如表 2—2 所示。

表 2—2　熔断器种类

种　　类		额定电流（A）
管式熔断器		2，3，5，7.5，10，15，20，25，30
平板式熔断器		30，40，50，60，80，110，150，175
金属丝熔断器		7.5，10，15，20，25
片式熔断器	C、D 和 F 型	1，2，3，4，5，7.5，10，15，20，25，30
	E 型	20，30，40，50，60，70，80
插入式熔断器	6.3（A_1 型）	20，30，40
	8.0（A_2 型）	30，40，50，60
	9.5（A_3 型）	50，60，70，80
旋紧式熔断器		50，60，70，80，100，120

1. 管式熔断器

管式熔断器具有体积小、重量轻、功耗小、分断能力高等特点，广泛用于电气设备的过载保护和短路保护。其外观如图 2—14 所示。

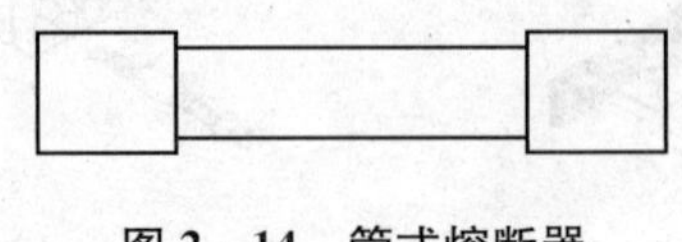

图 2—14　管式熔断器

2. 平板式熔断器

平板式熔断器如图 2—15 所示。适用于交流 50/60Hz，额定电压 250V～2 000V，额定电流 10A～3 600A 的中、低压电路中，作为整流二极管、晶闸管、变频器及由半导体器件组成的回路的过载保护。

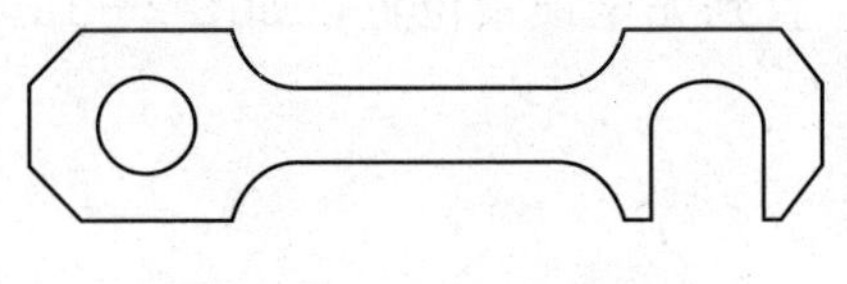

图 2—15　平板式熔断器

3. 片式熔断器

由两个片形插头式输入/输出端子与一个熔丝组成的导体和一个绝缘体所构成，其外部结构如图 2—16、图 2—17 所示。

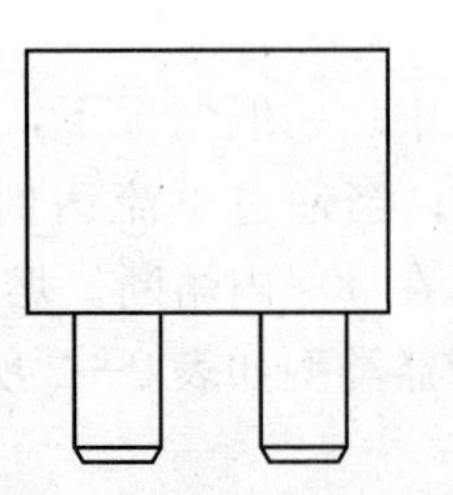

图 2—16　C、E 和 F 型片式熔断器

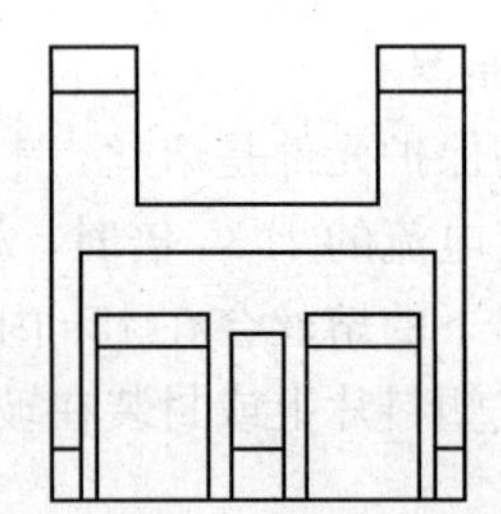

图 2—17　D 型片式熔断器

4. 插入式熔断器

由两个片形插座式输入/输出端子与一个熔丝组成的导体与一个组合的绝缘体所构成，其外部结构如图 2—18 所示。

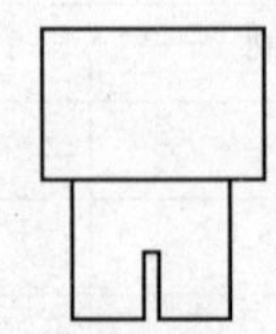

图 2—18　插入式熔断器（A_1、A_2、A_3 型）

5. 旋紧式熔断器

由两个片形插头式的适合螺钉连接的输入/输出端子、一个熔丝组成的导体及一个组合的绝缘体所构成，如图 2—19、图 2—20 所示。

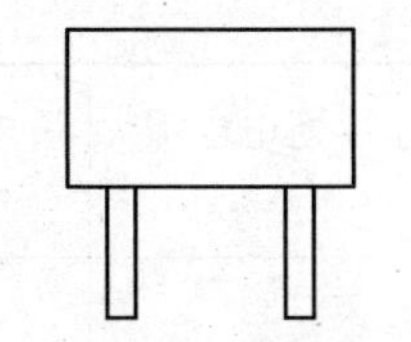

图 2—19　旋紧式熔断器（B_1 型）

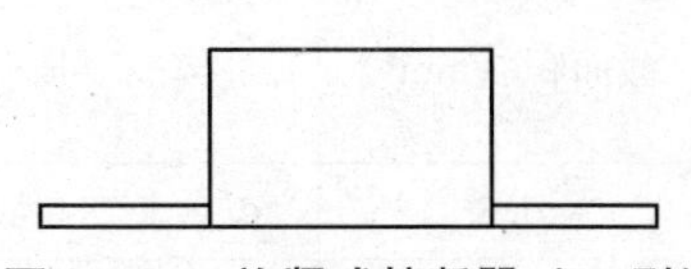

图 2—20　旋紧式熔断器（B_2 型）

汽车电路有多个熔断器，通常是集中安装在一个或几个接线盒中。各个熔断器都编号排列，有的还涂以不同的颜色，以便于区别。熔断器的安装示例与符号如图 2—21 所示。

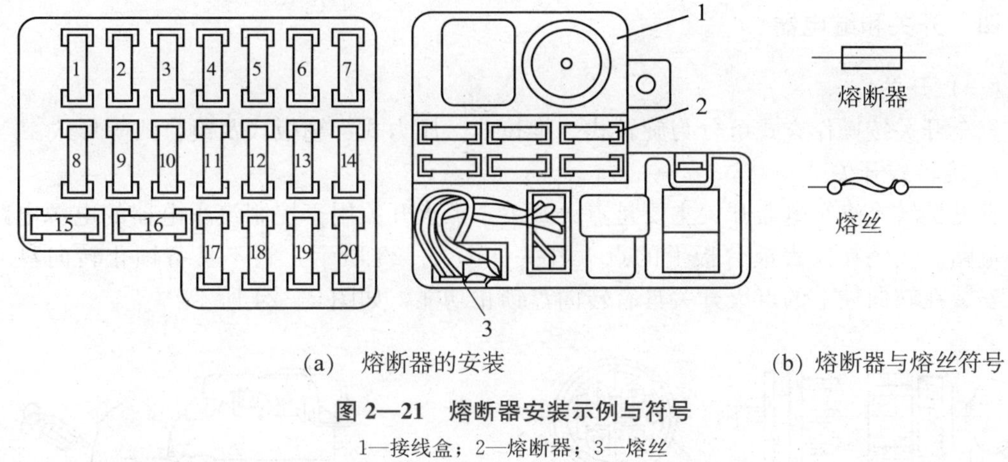

（a）　熔断器的安装　　（b）熔断器与熔丝符号

图 2—21　熔断器安装示例与符号

1—接线盒；2—熔断器；3—熔丝

如果熔断器烧毁，应注意以下几点：

（1）在更换熔断器以前必须切断所连电气部件及点火开关的电源，更换与原熔断器的额定电流值相等的熔丝（片）。

（2）在拆下、插入熔断器时，必须使用拆卸器。在拆装熔断器时，进出时要保持平直，不能扭动，否则会使端子卡口张开过大，以致连接不良。

如熔断器连续烧断，说明出现短路，必须检查整个电气系统。

（二）熔丝熔线

易熔线是一种截面积小于被保护电线截面积、可长时间通过额定电流的铜芯低压导线或合金导线，用于保护工作电流较大的电路。当电流超过熔丝额定电流一定值时，熔丝被烧断，从而保护了线路和电气设备免遭损坏。熔丝一般接在蓄电池正极附近（如图 2—22），它不能绑扎于线束内，也不得被其他物件包裹。熔丝的电线长度分为50±5mm、100±10mm、150±15mm 三种。熔丝的不同规格通常以不同的颜色来区分，几种常见熔丝的规格见表 2—3。

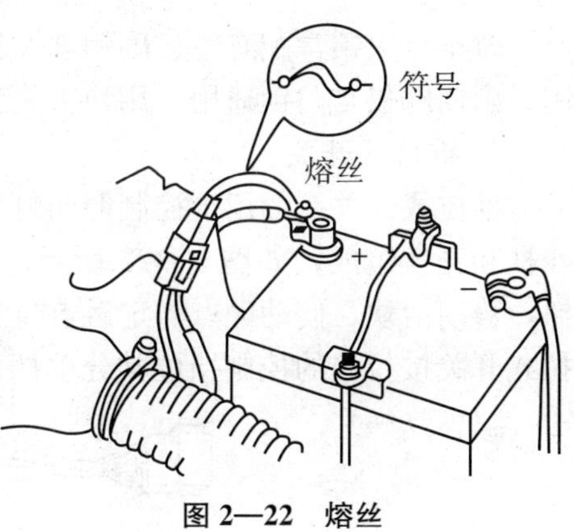

图 2—22　熔丝

表 2—3　　熔丝规格

颜　色	截面积（mm^2）	构　　成	1m 长的电阻值（Ω）	连续通电电流（A）	5s 内熔断的电流（A）
茶色	0.3	Φ0.32×5 股	0.047 5	13	约 150
绿色	0.5	Φ0.32×7 股	0.032 5	20	约 200
红色	0.85	Φ0.32×11 股	0.020 5	25	约 250
黑色	1.25	Φ0.5×7 股	0.014 1	33	约 300

四、开关和继电器

（一）开关

汽车开关按操作方式可分为旋转式、推拉式、压力式、翘板式及组合式等形式。

1. 旋转式开关

常见旋转式汽车电器开关主要是点火开关。点火开关用于控制汽车电器的电源电路和启动电路。安装在仪表板台板上的点火开关如图 2—23 所示，它不具备锁止转向盘的功能。安装在转向柱上的点火开关具有转向盘锁止功能，如图 2—24 所示。

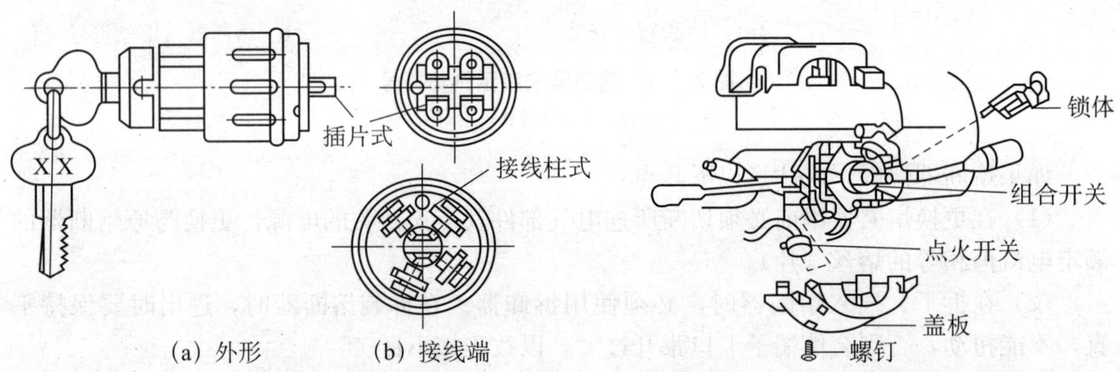

图 2—23　安装在仪表板上的点火开关　　图 2—24　安装在转向柱管上的点火开关

轿车点火锁常配有主、副钥匙及钥匙编码标签。主钥匙通常与汽车门锁、行李箱锁通用；副钥匙仅与门锁通用，用户丢失钥匙后，可凭编码标签向厂方提出重配。

2. 推拉式开关

推拉式开关一般用于控制照明灯和刮水器，主要由中心拉杆、绝缘滑块、接触片、接线柱和壳体组成，如图 2—25 所示。拉钮上标有开关用途的图形符号，操作时，拉动拉钮，移动滑块，使动触点与定触点位置按规定挡位移动、变换外线路，达到控制目的。推拉式开关按拉钮的控制挡位常分单挡式、两挡式、三挡式三种。

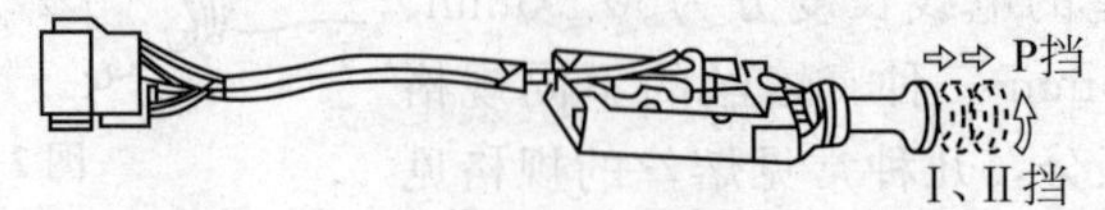

图 2—25　推拉式开关

3. 压力式开关

压力式开关按作用力来源不同，可分为液压控制式、气压控制式及脚踏式三种，分别作为油压开关、气压制动开关、高低压报警开关、前照灯变光开光。如图 2—26 所示为脚踏式压力开关。

图 2—26　压力式开关

4. 翘板式开关

翘板式开关主要用来控制仪表灯、顶灯、停车灯、危险信号灯、雾灯等。翘板式开关如图 2—27 所示。

5. 组合开关

组合开关将灯光开关（示位灯/前照灯开关、变光开关）、转向灯开关、危险报警灯开关、刮水/清洗器开关等组合为一体。它是一个多功能开关，安装在便于驾驶员操纵的转向柱管上，如图 2—28 所示。组合开关操纵手柄上一般绘制有表示用途的图形符号。

图 2—27　翘板式开关

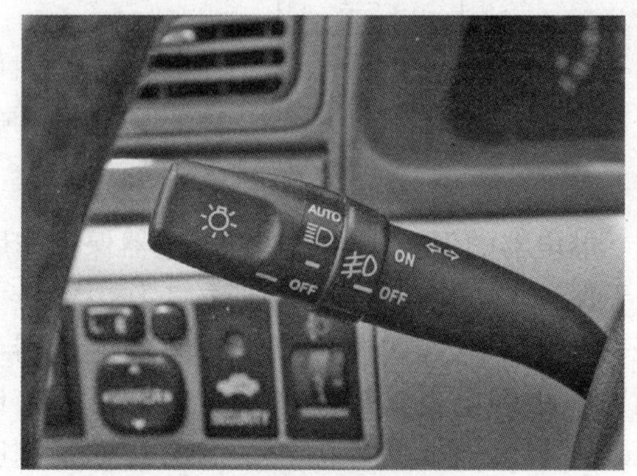

图 2—28　组合开关

（二）继电器

1. 继电器的作用与类型

继电器在汽车电路中起保护电路和自动控制的作用。汽车电系中所使用的继电器的种类较多，按继电器触点的工作状态不同，可将其分为常开型、常闭型和混合型三种。汽车电系中使用的继电器主要形式如图 2—29 所示。

（1）常开继电器。继电器线圈通电前，继电器触点在弹簧力作用下保持张开，继电器线圈通电后触点闭合，接通相应的电路。

（2）常闭继电器。继电器线圈通电前，继电器触点在弹簧力作用下保持闭合，继电器线圈通电后触点张开，断开相应的电路。

（3）混合式继电器。继电器有常开和常闭触点，继电器线圈通电后常开触点闭合，常闭触点张开，以通断相应的电路。混合式继电器大致有两种，一种是两线圈同时通电时触点才动作，另一种是只要有一个线圈通电触点就动作。

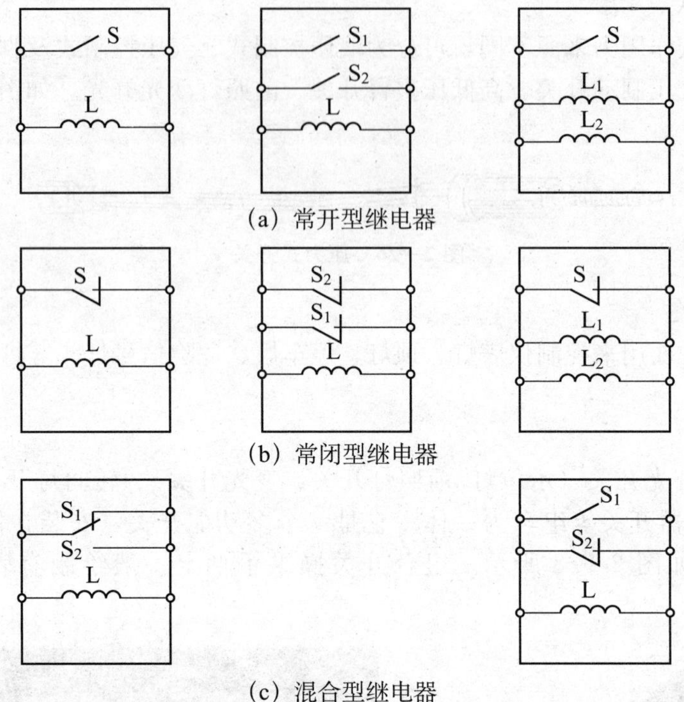

图 2—29 汽车电路中所用继电器类型

2. 继电器的工作原理

(1) 继电器的保护作用原理。继电器保护作用的原理如图 2—30 所示。该继电器保护电路用于保护喇叭按钮触点。喇叭的工作电流较大，若直接由喇叭按钮控制，其触点很容易烧坏。图中的喇叭电路增加了喇叭继电器后，喇叭按钮开关只控制继电器线圈电路的通断，由继电器线圈通电产生的电磁力使继电器触点闭合，接通喇叭电路。喇叭按钮只通过继电器线圈中的较小的电流，使喇叭按钮触点不容易烧坏，使用寿命得以延长。

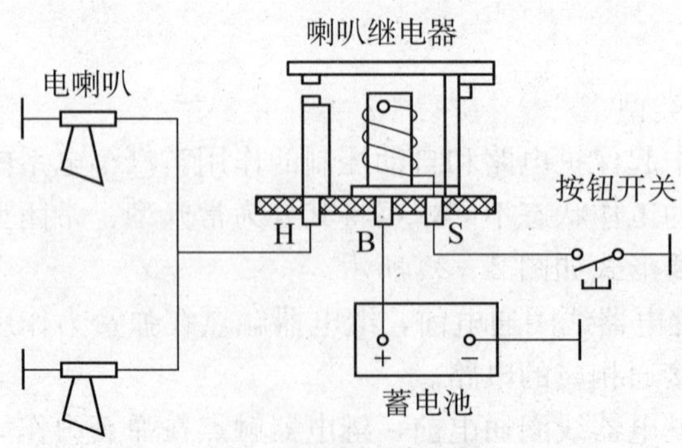

图 2—30 继电器电路

(2) 继电器的自动控制原理。继电器用做自动控制的电路原理如图 2—31 所示。该继电器控制电路用于自动控制充电指示灯的亮起和熄灭，以提示充电系统工作是否正常。继电器线圈连接发电机的中性点接线柱，继电器的常闭触点 K_1 串联在充电指示灯电路中。

当发电机正常发电时，其中性点电压使继电器线圈通电而打开触点 K_1，充电指示灯自动熄灭，指示充电系统正常工作。当接通点火开关而发动机未工作或发电机出现故障时，发电机中性点电压偏低或为零，使继电器线圈电流偏小或断流，继电器触点在弹簧力作用下闭合，充电指示灯亮，指示充电系统未工作或有故障。

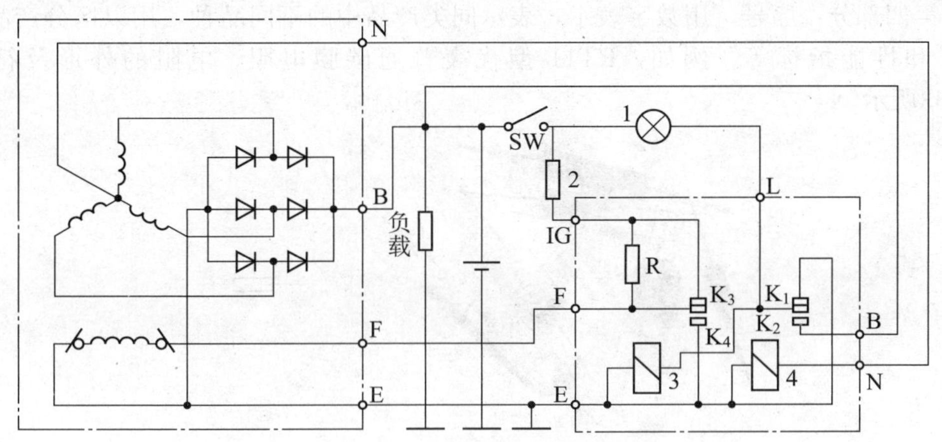

图 2—31　丰田车用的充电指示灯控制电路原理

1—充电指示灯；2—熔丝；3—电压调节器线圈；4—充电指示灯继电器线圈

五、车用中央电气接线盒

由于用电设备的增多，车上的熔断器与继电器也不断增多，为了合理布局，及方便检修，将这些熔断器及继电器安装在中央电气接线盒上，如图 2—32 所示。

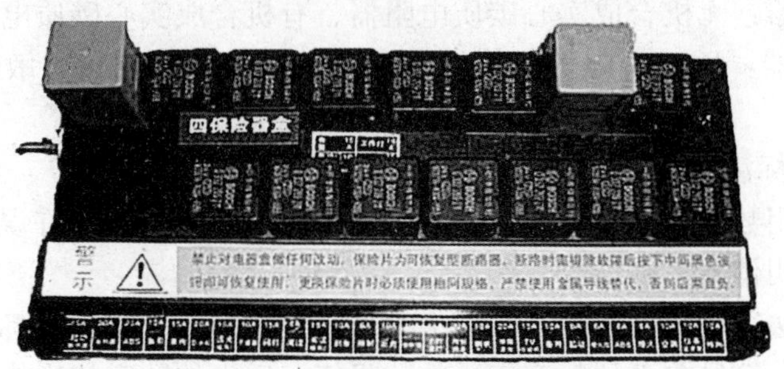

图 2—32　车用中央电气接线盒

第二节　汽车电子线路基础元件

一、电阻

（一）电阻的识别

1. 电阻的型号及命名方法

国产电阻器的型号由四部分组成（不适用敏感电阻）。第一部分：主称，用字母表示，表示产品的名称。如 R 表示电阻，W 表示电位器。第二部分：材料，用字母表示，表示电阻器的材质。常见的材质有：T—碳膜、H—合成碳膜、S—有机实心、N—无机实心、J—金属膜、Y—氮化膜、C—沉积膜、I—玻璃釉膜、X—线绕。第三部分：分类，一般用数字表示，个别类型用字母表示，代表产品的类型。1—普通、2—普通、3—超高频、4—高阻、5—高温、6—精密、7—精密、8—高压、9—特殊、G—高功率、T—可调。第四部分：序号，用数字表示，表示同类产品中的不同品种，用以区分产品的外形尺寸和性能指标等。例如，RT11 型代表普通碳膜电阻。电阻的外形及符号如图 2—33所示。

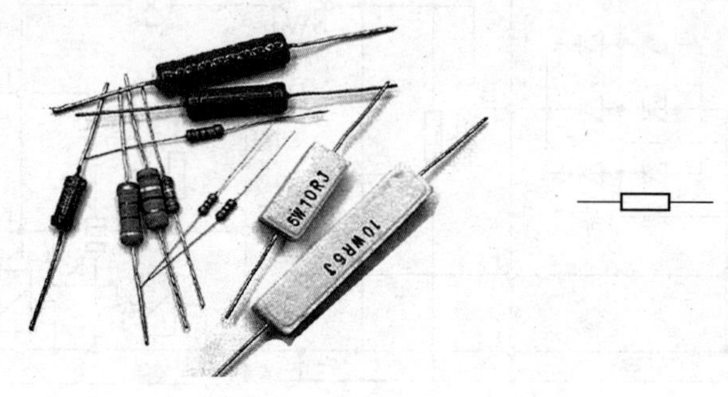

图 2—33　电阻的外形及符号

2. 电阻的分类

(1) 线绕电阻器：通用线绕电阻器、精密线绕电阻器、大功率线绕电阻器、高频线绕电阻器。

(2) 薄膜电阻器：碳膜电阻器、合成碳膜电阻器、金属膜电阻器、金属氧化膜电阻器、化学沉积膜电阻器、玻璃釉膜电阻器、金属氮化膜电阻器。

(3) 实心电阻器：无机合成实心碳质电阻器、有机合成实心碳质电阻器。

(4) 敏感电阻器：压敏电阻器、热敏电阻器、光敏电阻器、力敏电阻器、气敏电阻器、湿敏电阻器。

3. 电阻的阻值标注方法

(1) 直标法：用数字和单位符号在电阻器表面标出阻值，其允许误差直接用百分数表示。若电阻上未注明偏差，则均为±20%。

(2) 文字符号法：用阿拉伯数字和文字符号有规律的组合来表示标称阻值，允许偏差也用文字符号表示。符号前面的数字表示整数阻值，后面的数字依次表示第一位小数阻值和第二位小数阻值。表示允许误差的文字符号为：D、F、G、J、K、M，对应的允许偏差为±0.5%、±1%、±2%、±5%、±10%、±20%。

(3) 数码法：在电阻器上用三位数码表示标称值的标注方法。数码从左到右，第一、二位为有效值，第三位为数字后“0”的个数，单位为欧。偏差通常采用文字符号表示。

(4) 色环标注法：识别电阻器，首先要了解色环标注法。顾名思义，色环标注就是在电阻器上用不同颜色的环来表示电阻的规格。例如，碳膜电阻用 3 个色环来表示阻值，用 1 个色环表示误差。金属膜电阻用 4 个色环表示阻值，另一个色环表示误差。表 2—4 是色环电阻的颜色—数码对照表。

表 2—4　色环电阻的颜色—数码对照表

颜　色	有效数字	乘　数	允许偏差
黑色	0	10 的 0 次方	
棕色	1	10 的 1 次方	±1%
红色	2	10 的 2 次方	±2%
橙色	3	10 的 3 次方	—
黄色	4	10 的 4 次方	—
绿色	5	10 的 5 次方	±0.5%
蓝色	6	10 的 6 次方	±0.2%
紫色	7	10 的 7 次方	±0.1%
灰色	8	10 的 8 次方	—
白色	9	10 的 9 次方	±20%
无色	—	—	±20%
银色	—	—	±10%
金色	—	—	±5%

色环电阻的标注规则是，最后一环代表误差，对于四环电阻，前二环代表有效值，第三环代表数字后面添加“0”的个数。色环电阻法表示的实例如图 2—34 所示。

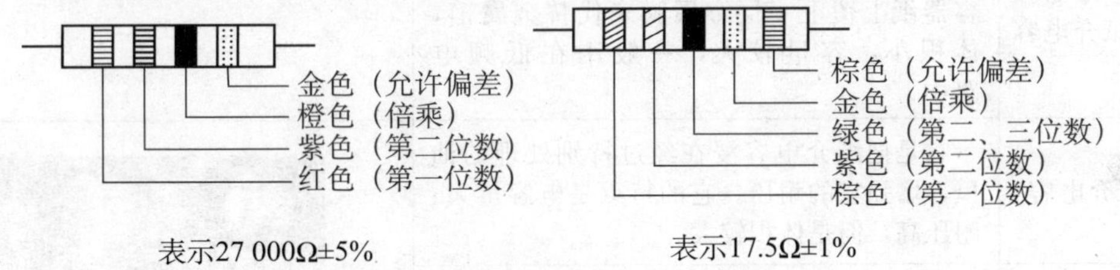

图 2—34　色环电阻的表示方法举例

（二）电阻的检测

将万用表拨到电阻挡，并将两表笔（不分正负）分别与电阻的两端引脚相接即可测出实际电阻值。

（三）可变电阻

可变电阻又称为电位器，有三个引脚，其中两个引脚之间的电阻值固定，称为这个可变电阻的阻值，第三个引脚与任两个引脚间的电阻值可以随着轴臂的旋转而改变。这样，可以改变接入电路的阻值，达到调节电路中的电压或电流的目的。

二、电容器

（一）常用电容器的识别

常用的电容器按其介质材料的不同可分为电解电容器、云母电容器、瓷介电容器、玻璃釉电容等。电容器的符号如图 2—35 所示，其详细分类见表 2—5。

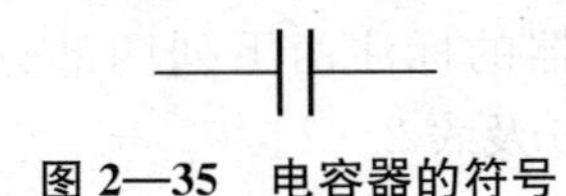

图 2—35　电容器的符号

表 2—5　　常用电容器

电容种类	电容结构和特点	实物图片
铝电解电容	它是由铝圆筒作负极，里面装有液体电解质，插入一片弯曲的铝带做正极制成。还需要经过直流电压处理，使正极片上形成一层氧化膜做介质。它的特点是容量大，但是漏电大，误差大，稳定性差，常用作交流旁路和滤波，在要求不高时也用于信号耦合。电解电容有正、负极之分，使用时不能接反。	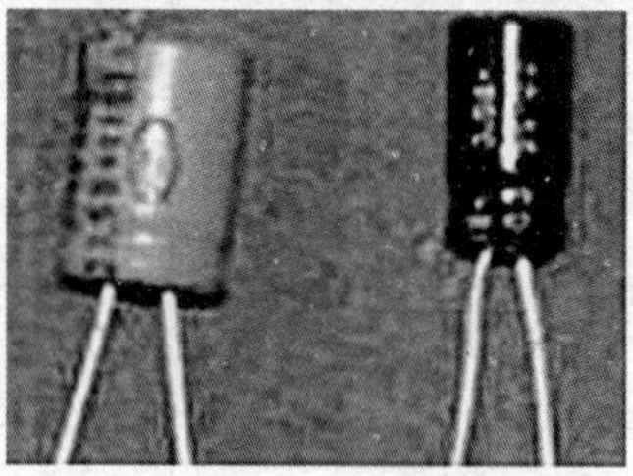
纸介电容	用两片金属箔做电极，夹在极薄的电容纸中，卷成圆柱形或者扁柱形芯子，然后密封在金属壳或者绝缘材料（如火漆、陶瓷、玻璃釉等）壳中制成。它的特点是体积较小，容量可以做得较大。但是固有电感和损耗都比较大，用于低频比较合适。	
金属化纸介电容	结构和纸介电容基本相同。它是在电容器纸上覆上一层金属膜来代替金属箔，体积小，容量较大，一般用在低频电路中。	
油浸纸介电容	它是把纸介电容浸在经过特别处理的油里，增强它的耐压。它的特点是电容量大、耐压高，但是体积较大。	
玻璃釉电容	用玻璃釉做介质，具有瓷介电容器的优点，且体积更小，耐高温。	
陶瓷电容	用陶瓷做介质，在陶瓷基体两面喷涂银层，然后烧成银质薄膜制成极板。它的特点是体积小，耐热性好、损耗小、绝缘电阻高，但容量小，适用于高频电路。 铁电陶瓷电容容量较大，但是损耗和温度系数较大，适用于低频电路。	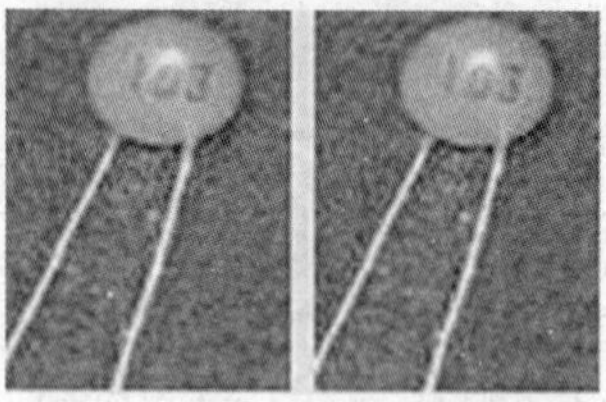
薄膜电容	结构和纸介电容相同，介质是涤纶或者聚苯乙烯。涤纶薄膜电容，介电常数较高，体积小，容量大，稳定性较好，适宜作旁路电容。 聚苯乙烯薄膜电容，介质损耗小，绝缘电阻高，但是温度系数大，可用于高频电路。	

根据 SJ－73 标准规定，电容器的标注由下列四部分组成：主称，材料，分类特征，序号，它们的类型及意义见表 2—6 及表 2—7。

表 2—6 **电容器的标注**

第一部分		第二部分		第三部分		第四部分
用字母表示主称		用字母表示材料		用数字或字母表示特征		序号
符号	意义	符号	意义	符号	意义	
C	电容器	C	瓷介	T	铁电	包括：品种、尺寸、代号、温度特性、直流工作电压、标称值、允许误差、标准代号。
		I	玻璃釉	W	微调	
		O	玻璃膜	J	金属化	
		Y	云母	X	小型	
		V	云母纸	S	独石	
		Z	纸介	D	低压	
		J	金属化纸	M	密封	
		B	聚苯乙烯	Y	高压	
		F	聚四氟乙烯	C	穿心式	
		L	涤纶			
		S	聚碳酸酯			
		Q	漆膜			
		H	纸膜复合			
		D	铝电解			
		A	钽电解			
		G	金属电解			
		N	铌电解			
		T	钛电解			
		M	压敏			
		E	其他材料			

表 2—7 **第三部分是数字时所代表的意义**

符　号	特征（型号的第三部分）的意义			
（数字）	瓷介电容器	云母电容器	有机电容器	电解电容器
1	圆片		非密封	箔式
2	管型	非密封	非密封	箔式
3	叠片	密封	密封	烧结粉液体
4	独石	密封	密封	烧结粉固体
5	穿心		穿心	
6				
7				无极性
8	高压	高压	高压	
9			特殊	特殊

（二）电容器的选用

电容器在电路中实际承受的电压不能超过它的耐压值。在滤波电路中，电容器的耐压值不能低于交流有效值的 1.42 倍。使用电解电容器的时候，还要注意正负极不要接反。

不同电路应该选用不同种类的电容器。例如，谐振回路可以选用云母、高频陶瓷电容器；隔直流电路可以选用纸介、涤纶、云母、电解、陶瓷电容器等；滤波电路可以选用电解电容器；旁路电容可以选用涤纶、纸介、陶瓷、电解电容器等。

电容器在装入电路前要检查它有无短路、断路和漏电等现象，并且核对它的电容值。安装的时候，要使电容的类型、容量、耐压等符号向上，便于核对、检查。

（三）电容器的检测方法

1. 固定电容器的检测

（1）10pF 以下电容器的检测。因 10pF 以下的固定电容器容量太小，故用万用表进行测量时，只能定性地检查其是否有漏电、内部短路或击穿现象。测量时，可选用万用表 R×10k 挡，两表笔任意接电容的两个引脚，阻值应为无穷大。若测出阻值为零，则说明电容漏电损坏或内部击穿。

（2）检测 10pF～0.01 μF 固定电容器是否有充电现象，进而判断其好坏。万用表应选用 R×1k 挡；所选两只三极管的 β 值均为 100 以上，且穿透电流要小，可选用 3DG6 等硅三极管组成复合管。万用表的红、黑表笔分别与复合管的发射极 e 和集电极 c 相接。由于复合三极管的放大作用，把被测电容的充、放电过程放大，使万用表指针摆幅加大，从而便于观察。

（3）对于 0.01 μF 以上的固定电容器，可用万用表的 R×10k 挡直接测试电容器有无充电过程以及有无内部短路或漏电情况，并可根据指针摆动幅度的大小估计出电容器的容量。

2. 电解电容器的检测

（1）因为电解电容器的容量比一般固定电容大得多，所以测量时，应该针对不同容量选用合适的量程。根据经验，一般情况下，1 μF～47 μF 间的电容，可用 R×1k 挡测量，大于 47 μF 的电容可用 R×100 挡测量。

（2）将万用表红表笔接负极，黑表笔接正极，在电容器引脚与两表笔接触的瞬间，万用表指针向右偏转较大幅度（对于同一电阻挡，容量越大，摆幅越大），接着逐渐向左回转，直到停在某一位置，此时的阻值便是电解电容的正向漏电阻。将两表笔交换，按同样方法测出的即为反向漏电阻。正向漏电阻值略大于反向漏电阻。实际使用经验表明，电解电容的漏电阻一般应在几百千欧以上，否则将不能正常工作。在测试中，若正向、反向均无充电的现象，即万用表指针不动，则说明容量为零或内部断路；如果指针摆动但所测阻值很小或为零，说明电容漏电大或已击穿，不能再使用。

（3）对于正、负极标志不明的电解电容器，可利用上述测量漏电阻的方法加以判别。即先任意测量一个电阻值，记录其大小，然后交换表笔再测出一个阻值。两次测量中阻值较大的那一次便是正向接法，即黑表笔接电容正极，红表笔接电容负极。

（4）使用万用表电阻挡，采用给电解电容进行正、反向充电的方法，根据指针摆动幅度的大小，可估测出电解电容的容量。

3. 可变电容器的检测

（1）用手轻轻旋动转轴，应感觉用力均匀，不应感觉有时松时紧甚至有卡滞的现象。将转轴向前、后、上、下、左、右等各个方向推动时，转轴不应有松动的现象。

（2）用一只手旋动转轴，另一只手轻摸动片组的外缘，不应有任何松脱现象。转轴与动片之间接触不良的可变电容器，不能再继续使用。

（3）将万用表置于 R×10k 挡，一只手将两个表笔分别接可变电容器的动片和定片的引出端，另一只手将转轴缓缓旋动几个来回，万用表指针应在无穷大位置不动。在旋动转轴的过程中，如果指针有时指向零，说明动片和定片之间存在短路点；如果碰到某一角度，万用表读数不为无穷大而是出现一定阻值，说明可变电容器动片与定片之间存在漏电现象。

三、二极管

(一) 二极管的识别

晶体二极管在电路中常用“VD”加数字表示，如 D5 表示编号为 5 的二极管。二极管的主要特性是单向导电性，也就是在正向电压的作用下导通电阻很小，而在反向电压作用下导通电阻极大或无穷大。

晶体二极管按作用可分为：整流二极管、隔离二极管、肖特基二极管、发光二极管、稳压二极管等。如图 2—36 所示为二极管的外观及符号图。

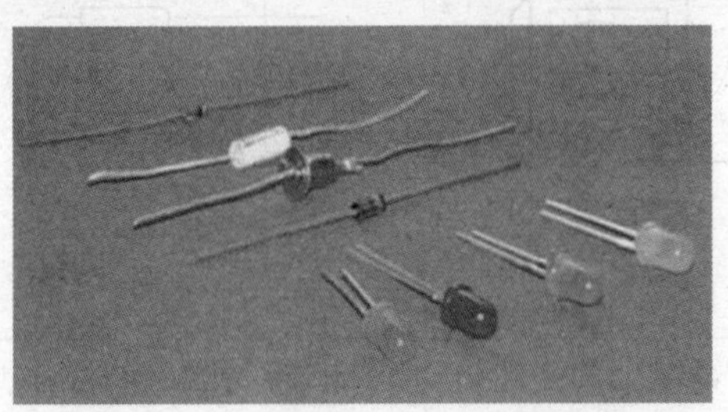

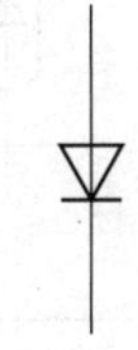

图 2—36　二极管的外观及符号

二极管的识别很简单，小功率二极管的 N 极（负极），大多在二极管外壳采用一种色圈标出，有些二极管也用二极管专用符号来表示 P 极（正极）或 N 极（负极），也有采用符号标志“P”、“N”来确定二极管极性的。发光二极管的正、负极可根据引脚长短来判别，长脚为正，短脚为负。

(二) 二极管的选用

选用二极管要注意其以下几个方面的特征。

1. 正向特性

加在二极管两端的正向电压（P 为正、N 为负）很小时（锗管小于 0.1V，硅管小于 0.5V），二极管不导通，处于截止状态，当正向电压超过一定数值后，二极管才导通。不同材料的二极管，起始电压不同，硅管为 0.5V～0.7V，锗管为 0.1V～0.3V。

2. 反向特性

二极管两端加反向电压时，反向电流很小，当反向电压逐渐增加时，反向电流基本保持不变。不同材料的二极管，反向电流大小不同。硅管约为 1 微安到几十微安，锗管则可高达数百微安。另外，由于反向电流受温度变化的影响很大，所以锗管的稳定性比硅管差。

3. 击穿特性

当反向电压增加到某一数值时，反向电流急剧增大，这种现象称为反向击穿，这时的反向电压称为反向击穿电压。不同结构、工艺和材料制成的二极管，其反向击穿电压值差异很大，可由 1 伏到几百伏，甚至高达数千伏。

4. 频率特性

由于结电容的存在，当频率高到某一程度时，容抗小到使 PN 结短路，导致二极管失去单向导电性，不能工作。PN 结面积越大，结电容也越大，越不能在高频情况下工作。

（三）二极管的检测方法

二极管的极性通常在管壳上注有标记，若无标记，可用万用表电阻挡测量其正、反向电阻来判断（一般用 R×100 或 R×1k 挡），具体方法如表 2—8 所示。

表 2—8　二极管简易测试法

项　　目	正 向 电 阻	反 向 电 阻
测试方法	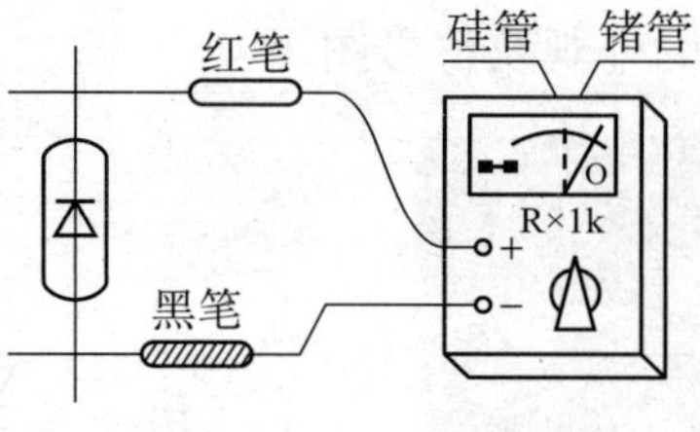 红笔　硅管　锗管　R×1k　+　−　黑笔	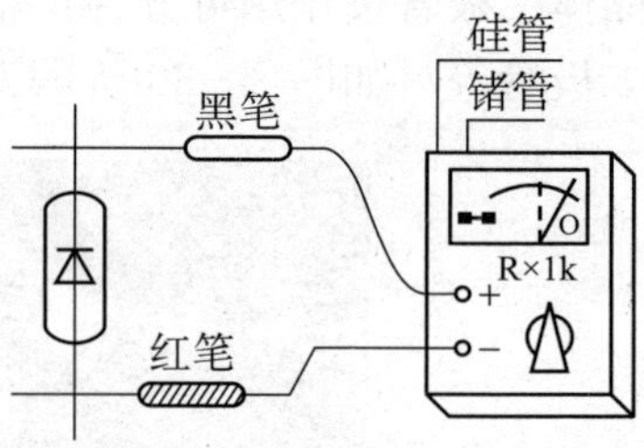 硅管　锗管　黑笔　R×1k　+　−　红笔
测试结果	硅管：表针指示位置在中间或中间偏右一点。 锗管：表针指示在右端靠近满刻度的位置（如上图所示）表明二极管正向特性良好。如果表针在左端不动，则二极管内部已经断路。	硅管：表针在左端基本不动，靠近零位置。 锗管：表针从零点稍向右偏，但不超过满量程的 1/4（如上图所示），则表明反向特性良好。如果表针指在零位，则管子内部已短路。

四、稳压二极管

（一）稳压二极管的识别

稳压二极管在电路中常用“VZ”加数字表示，如 ZD5 表示编号为 5 的稳压管。稳压二极管也称齐纳二极管或反向击穿二极管，在电路中起稳定电压的作用。它是利用二极管被反向击穿后，在一定范围内反向电压不随反向电流变化这一特点进行稳压的。

稳压二极管通常由硅半导体材料采用合金法或扩散法制成。它既具有普通二极管的单向导电特性，又可工作于反向击穿状态。在反向电压较低时，稳压二极管截止；当反向电压达到一定数值时，反向电流突然增大，稳压二极管被击穿。此时即使反向电流在很大范围内变化，稳压二极管两端的反向电压也能保持基本不变。但若反向电流增大到一定数值后，稳压二极管则会被彻底击穿而损坏。

稳压二极管根据其封装形式、电流容量、内部结构的不同可以分为多种类型。

(1) 稳压二极管根据其封装形式可分为金属外壳封装稳压二极管、玻璃封装（简称玻封）稳压二极管和塑料封装（简称塑封）稳压二极管。塑封稳压二极管又分为有引线型和表面封装型两种。图 2—37 是常用稳压二极管的外形图与电路图符号。

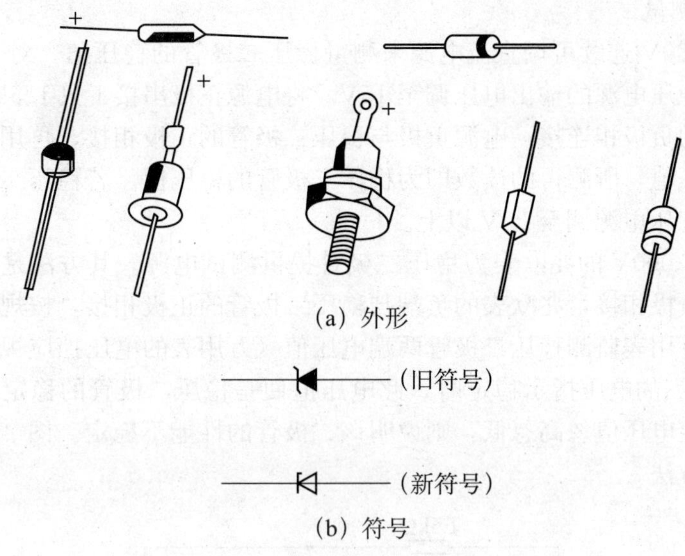

图 2—37　常用稳压管的外形及符号

（2）稳压二极管根据其内部结构可分为单稳压二极管和双稳压二极管（三电极稳压二极管）。图 2—38 是双稳压二极管的外形和电路图符号。

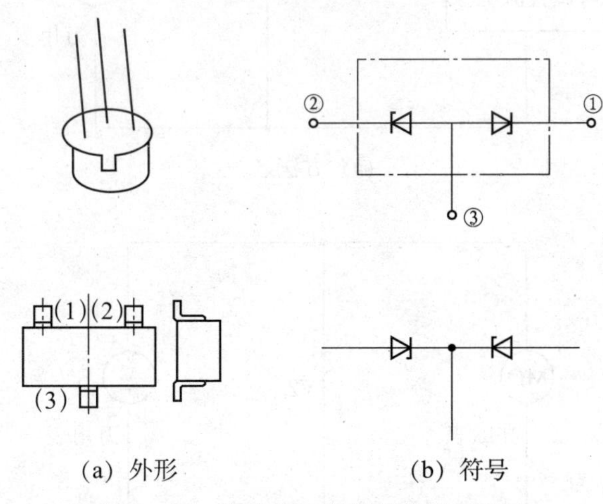

图 2—38　双稳压二极管的外形及符号

（二）稳压二极管的检测

1. 正、负电极的判别

从外形上看，金属封装稳压二极管管体的正极一端为平面，负极一端为球面。塑封稳压二极管管体上印有彩色标记的一端为负极，另一端为正极。对标志不清楚的稳压二极管，也可以用万用表判别其极性，测量的方法与普通二极管相同。用万用表 R×1k 挡，将两表笔分别接稳压二极管的两个电极，测出一个阻值后，再对调两表笔进行测量。两次测量结果中，阻值较小那一次，黑表笔接的是稳压二极管的正极，红表笔接的是稳压二极管的负极。若测得稳压二极管的正、反向电阻均很小或均为无穷大，则说明该二极管已击穿或开路损坏。

2. 稳压值的测量

一般用 0V～30V 连续可调直流电源来测量稳压二极管的稳压值，对于 13V 以下的稳压二极管，可将稳压电源的输出电压调至 15V，将电源正极串接 1 只 1.5kΩ 限流电阻后与被测稳压二极管的负极相连接，电源负极与稳压二极管的正极相接，再用万用表测量稳压二极管两端的电压值，所测得的读数即为稳压二极管的稳压值。若稳压二极管的稳压值高于 15V，则应将稳压电源调至 20V 以上。

也可用低于 1 000V 的兆欧表为稳压二极管提供测试电源。其方法是：将兆欧表正端与稳压二极管的负极相接，兆欧表的负端与稳压二极管的正极相接，按规定匀速摇动兆欧表手柄，同时用万用表监测稳压二极管两端电压值（万用表的电压挡应视稳定电压值的大小而定），待万用表的电压指示稳定时，此电压值便是稳压二极管的稳定电压值。若测量稳压二极管的稳定电压值忽高忽低，则说明该二极管的性能不稳定。图 2—39 是稳压二极管稳压值的测量方法。

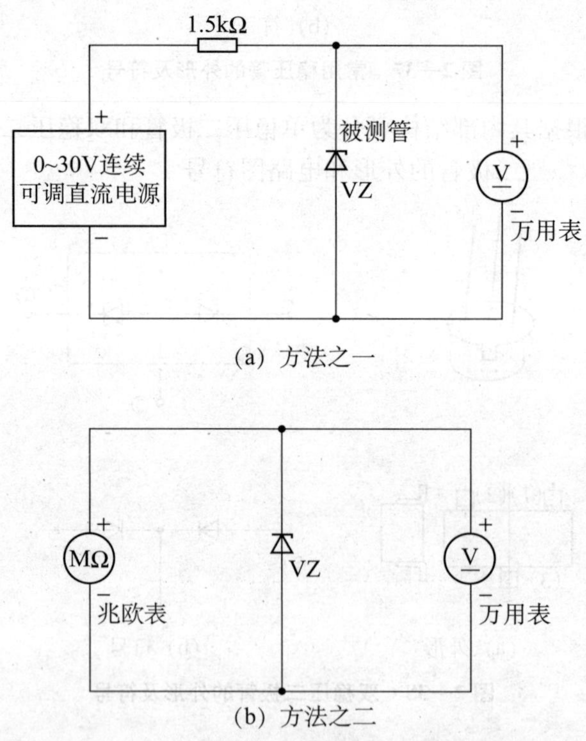

图 2—39 稳压二极管稳压值的测量方法

五、晶体三极管的结构和类型

（一）晶体三极管的识别

晶体三极管通常也称双极型晶体管，简称晶体管或三极管。三极管在电路中常用字母 V 来表示。三极管符号中箭头的指向表示发射结处在正向偏置时电流的流向。图 2—40（a）、（b）分别为 NPN 型三极管的内部结构和符号，图 2—41（a）、（b）分别为 PNP 型三极管的内部结构和符号。

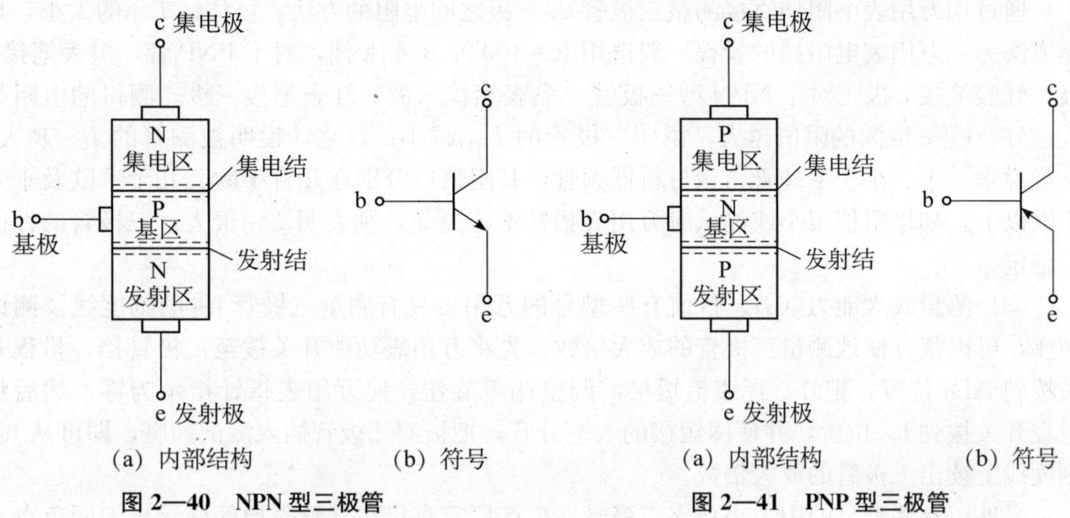

图 2—40　NPN 型三极管　　**图 2—41　PNP 型三极管**

晶体三极管有三种不同的工作状态，分别介绍如下：

(1) 截止状态。当加在三极管发射结的电压小于 PN 结的导通电压，基极电流为零，集电极电流和发射极电流都为零，三极管这时失去了电流放大作用，集电极和发射极之间相当于开关的断开状态，我们称三极管处于截止状态。

(2) 放大状态。当加在三极管发射结的电压大于 PN 结的导通电压，并处于某一范围时，三极管的发射结正向偏置，集电结反向偏置。这时基极电流对集电极电流起着控制作用，使三极管具有电流放大作用，其电流放大倍数 $\beta=\Delta I_c/\Delta I_b$，这时三极管处于放大状态。

(3) 饱和导通状态。当加在三极管发射结的电压大于 PN 结的导通电压，基极电流增大到一定程度时，集电极电流不再随着基极电流的增大而增大，而是处于某一固定值附近，几乎不变化。这时三极管失去电流放大作用，集电极与发射极之间的电压很小，集电极和发射极之间相当于开关的导通状态。三极管的这种状态称为饱和导通状态。

三极管有两种类型，PNP 型和 NPN 型。判别时只要知道基极是 P 型材料还是 N 型材料即可。当用万用电表 R×1k 挡时，黑表笔代表电源正极，如果黑表笔接基极时导通，则说明三极管的基极为 P 型材料，三极管为 NPN 型。如果红表笔接基极导通，则说明三极管基极为 N 型材料，三极管为 PNP 型。

(二) 晶体三极管的检测

1. 三极管性能测量

已知型号和管脚排列的三极管，可按下述方法来判断其性能好坏。

(1) 测量极间电阻。将万用表置于 R×100 或 R×1k 挡，按照红、黑表笔的六种不同接法分别进行测试。其中，发射结和集电结的正向电阻值比较低，其他四种接法测得的电阻值都很高，约为几百千欧至无穷大。但不管是低阻还是高阻，硅材料三极管的极间电阻要比锗材料三极管的极间电阻大得多。

(2) 三极管的穿透电流 I_{CEO} 的数值近似等于三极管的电流放大倍数 β 和集电结的反向电流 I_{CBO} 的乘积。I_{CBO} 随着环境温度的升高增长很快，I_{CBO} 的增加必然造成 I_{CEO} 的增大。而 I_{CEO} 的增大将直接影响三极管工作的稳定性，在使用中应尽量选用 I_{CEO} 小的三极管。

通过用万用表电阻挡直接测量三极管e、c极之间电阻的方法，可估计I_{CEO}的大小，具体方法为：万用表电阻挡的量程一般选用R×100或R×1k挡，对于PNP管，黑表笔接e极，红表笔接c极，对于NPN型三极管，黑表笔接c极，红表笔接e极。测得的电阻越大越好，e、c极间的阻值越大，说明三极管的I_{CEO}越小；反之，说明被测管的I_{CEO}越大。一般说来，中、小功率硅管、锗材料低频管，其阻值应分别在几百千欧、几十千欧及十几千欧以上，如果阻值很小或测试时万用表指针不停晃动，则表明I_{CEO}很大，三极管的性能不稳定。

(3) 测量放大能力(β)。目前有些型号的万用表具有测量三极管h_{EF}的刻度线及测试插座，可以很方便地测量三极管的放大倍数。先将万用表功能开关拨至三极管挡，量程开关拨到ADJ位置，把红、黑表笔短接，调整调零旋钮，使万用表指针指示为零；然后将量程开关拨到h_{EF}位置，并使两短接的表笔分开，把被测三极管插入测试插座，即可从h_{EF}刻度线上读出三极管的放大倍数。

另外，有些型号的中、小功率三极管，生产厂家直接在其管壳顶部标示出不同色点来表明管子的放大倍数β。但要注意，各厂家所用色标并不完全相同。

2. 三极管电极的检测判别

(1) 判定基极。用万用表R×100或R×1k挡测量三极管三个电极中每两极之间的正、反向电阻值。当用一根表笔接某一电极，而另一表笔先后接触其他两个电极均测得低阻值时，则第一根表笔所接的那个电极即为基极。这时，要注意万用表表笔的极性，如果红表笔接的是基极，黑表笔分别接在其他两极时，测得的阻值都较小，则可判定被测三极管为PNP型管；如果黑表笔接的是基极，红表笔分别接触其他两极时，测得的阻值较小，则被测三极管为NPN型管。

(2) 判定集电极和发射极（以PNP型为例）。将万用表置于R×100或R×1k挡，红表笔接基极，用黑表笔分别接触另外两个管脚时，所测得的两个电阻值会是一大一小。在阻值小的一次测量中，黑表笔所接管脚为集电极；在阻值较大的一次测量中，黑表笔所接管脚为发射极。

第三章

汽车电路图识读

第一节 汽车电路图的种类和组成

汽车电路图是用国家标准规定的线路符号，对汽车电器的构造组成、工作原理、工作过程及安装要求所作的图解说明，也包括图例及简单的结构示意图。电路图中表示了不同电器之间的关系及连接方式，通过对电路图的识读，可以了解电路图中电器元件的名称、型号和规格，掌握汽车电器系统的组成、相互关系、工作原理和安装位置，便于对汽车电路进行维修、检查、安装、配线等工作。

因为汽车电器元件的外形和结构比较复杂，所以一般采用国家统一规定的图形符号和文字符号来表示电器元件的不同种类、规格及安装方式。另外，根据汽车电路图的不同用途，可绘制出不同形式的电路图，主要有原理框图、敷线图、线束图和电路原理图。

一、原理框图

汽车电路比较复杂，为概略表示汽车电器系统或分系统的基本组成、相互关系和主要特征，常采用原理框图来描述。原理框图是指用符号或带注释的框概略表示汽车电气系统基本组成、相互关系及主要特征的一种简图。原理框图的特点主要有以下几点：

（1）它所描述的对象是系统或分系统；

（2）它所描述的内容是系统或分系统的基本组成和主要特征，而不是全部组成和特征；

（3）它对内容的描述是概略的，而不是详细的；

（4）表示系统或分系统基本组成的是图形符号和带注释的框。

绘制原理框图时，应遵循国家有关标准的规定。下面就分层、符号、项目代号、布局、连接线等方面逐项进行介绍。

(一) 分层

为了更好地描述对象（系统、成套装置、分系统、设备）的基本组成及相互之间的关系和各部分的主要特征，往往需要在原理框图上反映出描述对象的层次，具体方法有如下两种：

1. 按不同的层次单独绘制

对于一个比较复杂的对象，往往用依次分解的方法来划分层次，按不同的层次单独绘制原理框图。图 3—1 是汽车全车电气系统的原理框图，它由多个分系统组成，每个分系统可被分别展开绘制成更低一层次的原理框图。图 3—2 是汽车信号系统展开的原理框图，从两幅图中可以看出：图 3—1 层次最高，反映了汽车电气系统的全貌，但描述是概略的；图 3—2 的层次较低，反映的是汽车信号系统的部分组成，表达得较为详细。

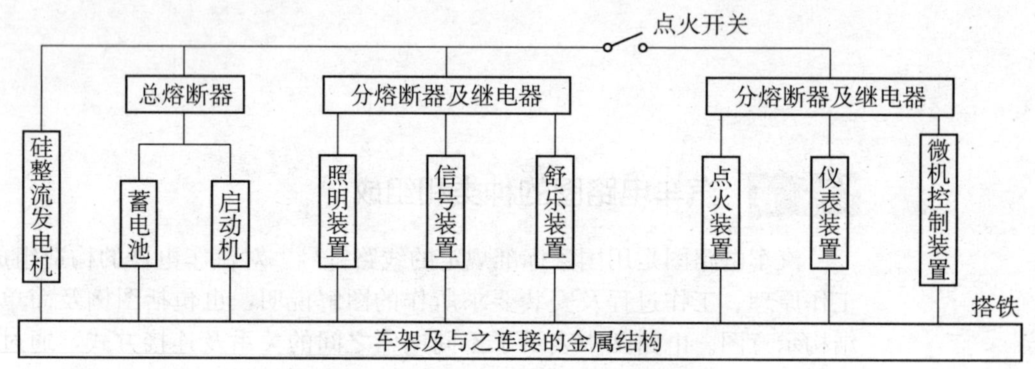

图 3—1　汽车全车电气系统原理框图

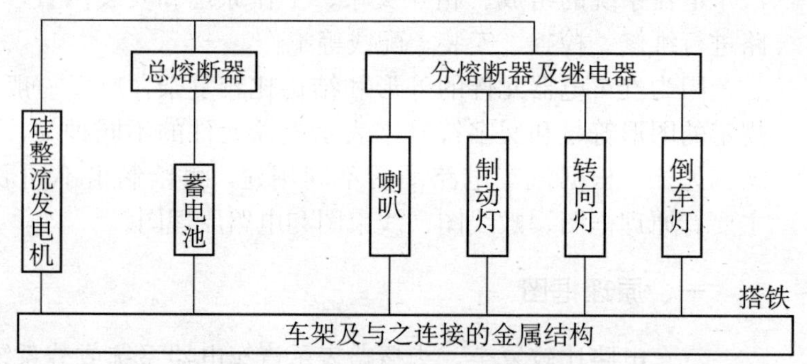

图 3—2　汽车信号系统原理框图

2. 在同一张图上反映出几个层次

当对象的层次关系不太复杂时，可以在同一张图上采用框嵌套的形式来说明其各部分的层次关系。

（二）符号

绘制原理框图时，常采用图形符号（包括方框符号）或者带注释的框来表示各部分的组成。

1. 图形符号

原理框图是在较高层次描述对象的，它选用的图形符号大都是方框符号。但有时也会用一些代表元器件的图形符号，这些符号只是用来表示某一部分的功能，并非与实际的元器件一一对应。图 3—3 是无线电接收机的原理框图。它是采用方框符号绘制的，但其中天线与扬声器用的是图形符号，方框符号与图形符号都用于反映无线接收机的基本组成及各组成部分的功能。

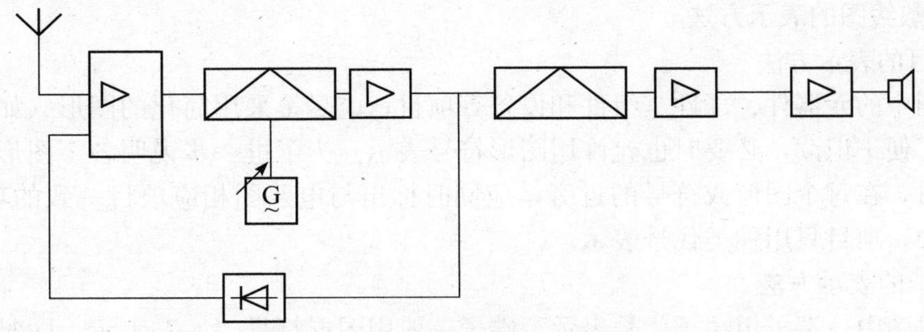

图 3—3　无线电接收机原理框图

2. 带注释的框

在较高的层次上绘制原理框图时，其中某些部分（分系统、功能组）可能找不到适当的方框符号或图形符号，可以用带注释的框来表示。框内的注释可以是文字，可以是符号，也可以同时采用文字与符号。框的形式可以是实线，也可以是点画线。例如，如图 3—1 所示各框均用文字作注释；如图 3—3 所示各框则采用符号作注释。

采用文字作注释比较直观，不论是否熟悉符号，均能一目了然；采用符号作注释形式上比较简洁，且能超越语言的障碍，由于采用的是标准符号，故其含义较为确切；兼用文字与符号作注释，文字补充说明符号的具体功能，使表达更为清晰、准确，兼有前述两者之优点。

(三) 项目代号

原理框图中表示系统或分系统基本组成的符号或带注释的框，原则上均应标注项目代号。

(四) 布局

原理框图通常采用功能布局法，必要时还可以加注位置信息，如图 3—1 所示。

(五) 连接线

在原理框图上，一般用连接线来反映各部分之间的功能关系。连接线的线型有细实线与粗实线两种。细实线用于反映电气连接或信号传递路线，粗实线用于反映流程以及需要强调其重要性的主电路和电源电路。

二、敷线图

敷线图是指专门用来标记电气设备的安装位置、外形、线路走向等的电路图。

(一) 敷线图的组成

在绘制敷线图时，一般都应在图中示出以下内容：

（1）电气设备的相对位置、项目代号；

（2）端子间的连接关系、端子代号；

（3）导线类型、截面积、导线号；

（4）需补充说明的其他内容。

（二）敷线图的表示方法

1. 项目的表示方法

敷线图中的元器件、部件、组件和设备等项目，应尽量采用简化的图形（如圆形）来表示，为了便于识读，必要时也允许用图形符号表示。为了进一步说明各个图形或符号所表示的项目，在每个图形或符号的近旁，应同时标出与电路图相应项目一致的项目代号。在敷线图中，项目只用种类代号表示。

2. 端子的表示方法

在敷线图中，端子用端子代号表示，端子一般用图形符号“ 。”表示，同时在端子近旁标注端子代号。对于用图形符号表示的项目，端子可不画符号，只标出端子代号即可。

3. 导线的表示方法

导线可用连续线或中断线表示。连续线是用连续的实线来表示端子之间实际存在的导线。中断线是用中断的实线来表示端子之间实际存在但不能连续画出的导线，中断处需标明去向。

（三）敷线图的识读方法

1. 浏览

拿到敷线图后，先认真阅读图注，然后对照图注，查看整车包括哪些电器，属于何种系统。若常见电器较多，则应事先了解电器的功能和原理，尽可能地翻阅有关电器的文字说明，掌握系统的原理，对全车电气系统有一个整体的认识。

2. 展绘

浏览后虽然可以基本了解各电气系统的组成和原理，但由于整车电气系统支路数目较多，浏览不能完全了解电路原理及连接特点。因此，需要把图中的每个分系统准确地展绘出来，为避免展绘出现差错可用直尺或纸条把每一条电流通路找出，并把它详细地描绘出来。

3. 整理

展绘得到的图一般较散乱，分布无规则。为便于分析、保存，一般还要反复改绘几次，才能整理出简洁整齐的原理图。改绘的电路原理图布局应有统一的格式，元器件应尽可能采用标准符号，对于特殊元器件图注中还需用文字简要说明，原理图上接线柱的标号、导线的标号、元器件的标号应与原图编号一致。

三、线束图

在汽车上，为了安装方便和保护导线，将同路的许多导线用棉纱编织物或聚氯乙烯塑料带包扎成束，称为线束。

线束图是根据电气设备在汽车上的实际安装部位绘制的全车电路图。在图上，部件与部件间的导线以线束形式出现。线束图与敷线图相似，但图面比敷线图简单明了，接近实际，对使用、维修人员来说实用性较强。由于线束安装图主要是以线束的形式出现的，图面曲线较少，各部件之间连接关系的描述就成为其主要的内容。为清楚表达导线的颜色、接头的端子代号，常需辅以线束分组和端子编号表及线束端子接线表。

（一）线束

（1）线束的组成。汽车线束由多个线束组成，线束上有多个分支。

(2) 接线代号和接线标志。汽车上的电器数量多而复杂，为使连线正确，各个连接点都应标注接线代号和接线标志。

(3) 线束的长度。线束的长度即线束的总长。

(4) 插接器。由于线束有多条，线束与线束、分支与线束或分支与电器之间都是通过插接器连接的，应表示出每个插接器上有几条导线，每条导线位于插接器接线孔的什么位置，是什么形状，相邻的几个插接器是否容易混淆。

(二) 导线颜色

1. 相关术语

单色导线：绝缘表面为单一颜色的导线。

双色导线：绝缘表面为两种颜色的导线。

主色：双色导线中面积比例较大的颜色。

辅助色：双色导线中面积比例较小的颜色。

2. 导线的颜色和代号

导线的颜色和代号有多种表达方式，表 3—1 为其中一种。

表 3—1　　导线的颜色

导线颜色	黑	白	红	绿	黄	棕	蓝	灰	紫	橙
代号	B	W	R	G	Y	Br	Bl	Gr	V	O

3. 导线颜色的组成

单色导线的颜色由表 3—1 规定的一种颜色组成，双色导线的颜色由表 3—1 规定的两种颜色配合组成。导线颜色的选用应优先选用单色，再选用双色。

4. 搭铁线

各种汽车电器的搭铁线应选用黑色导线，黑色导线除作为搭铁线外，没有其他用途。

5. 导线颜色的标注

导线颜色的标注用颜色代号表示。双色导线，第一色为主色，第二色为辅助色，例如主色为红色，辅助色为白色的导线标注为“RW”。

(三) 导线截面积

对于不同截面积的导线应根据工作电流的大小来选取，对于一些电流特别小的电器，如指示灯电路，为了保证线路应有的力学强度，导线的截面积不得小于 0.5mm。导线的截面积标注在颜色代码前面，单位为毫米时不需标注。

四、汽车电路原理图

(一) 整车电路原理图

整车电路原理图具有如下特点：

(1) 能够使读图者对全车电路有整体的认识，它既是一幅完整的全车电路图，又是一幅互相联系的局部电路图，重点、难点突出，繁简适当。

(2) 在此图上建立起电位高、低的概念：其负极接地（俗称搭铁），电位最低，可用图中最下方一条直线表示；正极电位最高，用最上方的一条直线表示。电流的方向基本都是由上而下，路径是：电源正极→开关→用电设备→搭铁→电源负极。

(3) 减少了电线的曲折与交叉，布局合理，图面简洁、清晰。图形符号的绘制考虑到元器件的外形与功能，便于读者联想、分析，易读、易绘。

(4) 各局部电路（或称子系统）之间互联关系明确。发电机与蓄电池间、各个子系统之间的连接点基本保持原位，熔断器、开关及仪表等部件的接法基本与实物吻合。

（二）局部电路原理图

为了弄清汽车电器的内部结构、各个部件之间相互连接的关系，弄懂某个局部电路的工作原理，常从整车电路图中抽出某个需要研究的局部电路，参照其他资料（必要时根据实物测绘、检查和试验、记录），将重点部位进行放大、绘制并加以说明。这种电路图中用电设备少、幅面小，更加简单明了，易读易绘；其缺点是只能了解电路的局部。

第二节 汽车电路图常用符号

汽车电路图是利用图形符号和文字符号，表示汽车电路构成、连接关系和工作原理，而不考虑其实际安装位置的一种简图。为了使电路图具有通用性，便于进行技术交流，构成电路图的图形符号和文字符号不能随意使用，应该使用统一的国家标准或国际标准。要看懂电路图，必须了解图形符号和文字符号的含义、标注原则和使用方法，下面将分别介绍。

一、图形符号

图形符号是用于电气图或其他文件中表示项目或功能的一种图形、标记或字符，是电气技术领域中最基本的工程语言。为了识读汽车电路图，我们要掌握并熟练地运用它。常用的图形符号如表 3—2 所示。图形符号分为基本符号、一般符号和明细符号 3 种。

（一）基本符号

基本符号不能单独使用，不能表示独立的电器元件，只说明电路的某些特征。如："—"表示直流，"～"表示交流，"＋"表示电源的正极，"－"表示电源的负极，"N"表示中性线。

（二）一般符号

一般符号是用以表示一类产品和此类产品特征的一种简单符号。如：⊛为表示指示仪表的一般符号，⊡为表示传感器的一般符号。一般符号广义上代表各类元器件，也可以表示没有附加信息或功能的具体元件，如一般的电阻、电容等。

（三）明细符号

明细符号表示某一种具体的电器元件。它是由基本符号、一般符号、物理量符号、文字符号等组合派生出来的。如：＊是指示仪表的一般符号，当要表示反映电流、电压的种类和特点的仪表时，将"＊"处换成"A"、"V"，就成为明细符号。Ⓐ表示电流表，Ⓥ表示电压表。

表 3—2　　常用图形符号

名　称	图形符号	名　称	图形符号
一、常用基本符号			
直流		中性点	N
交流	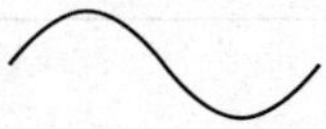	磁场	F
交直流	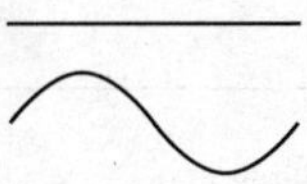	搭铁	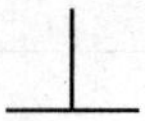
正极		交流发电机输出接柱	B
负极		磁场二极管输出端	D_+
二、导线端子和导线连接			
接点		插头和插座	
端子		多极插头和插座（图示为三极）	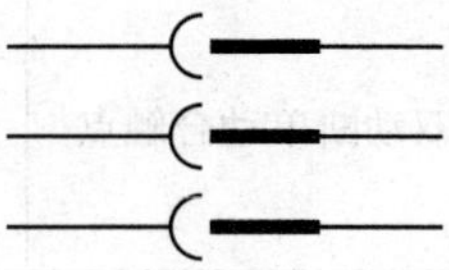
导线的连接			
导线的分支连接	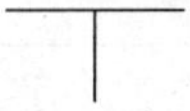		
导线的交叉连接		接通的连接片	
插座的一极	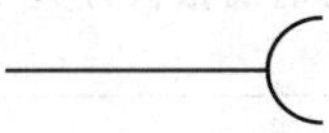	断开的连接片	
插头的一极		屏蔽导线	
三、触点开关			
动合（常开）触点		凸轮控制	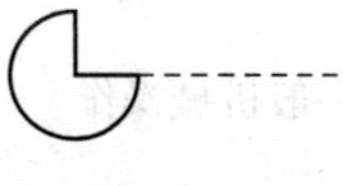

续前表

名　　称	图形符号	名　　称	图形符号
动断（常闭）触点		联动开关	
先断后合的触点		手动开关的一般符号	
中间断开的双向触点		定位开关（非自动复位）	
双动合触点		按钮开关	
双动断触点		能定位的按钮开关	
单动断双动合触点		拉拨开关	
双动断单动合触点		旋转、旋钮开关	
一般情况下手动控制		液位控制开关	
拉拨操作		机油滤清器报警开关	OP
旋转操作		热敏开关动合触点	t°
推动操作		热敏开关动断触点	t°
一般机械操作		热敏自动开关的动断触点	

续前表

名　称	图形符号	名　称	图形符号
钥匙操作		热继电器触点	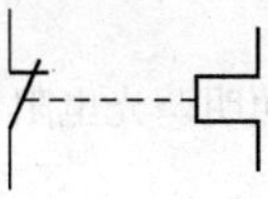
热执行器操作		旋转多挡开关位置	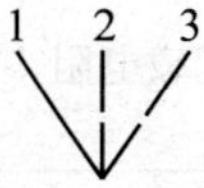 1 2 3
温度控制	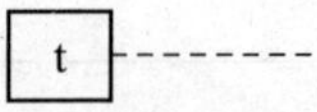 t	推拉多挡开关位置	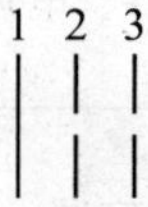 1 2 3
压力控制	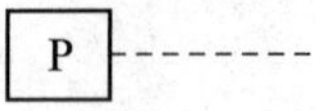 P	钥匙开关（全部定位）	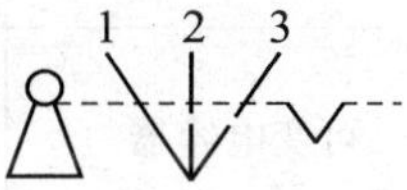 1 2 3
制动压力控制	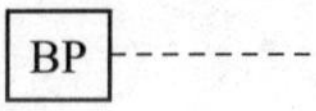 BP	多挡开关、点火、启动开关，瞬时位置为 2 能自动返回到 1（即 2 挡不能定位）	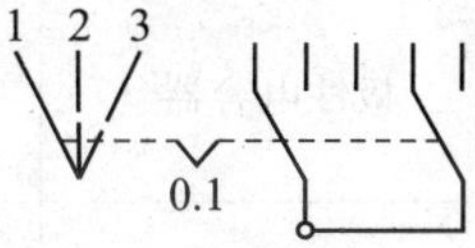 1 2 3 0.1
液位控制	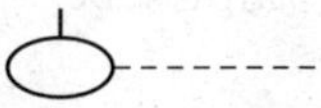	节流阀开关	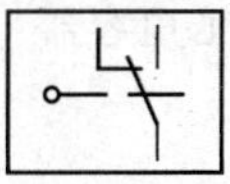
四、电器元件			
电阻器	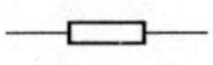	光电二极管	
可变电阻器	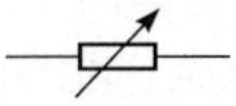	PNP 型三极管	
压敏电阻器	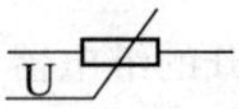 U	集电极接管壳三极管（NPN）	
热敏电阻器	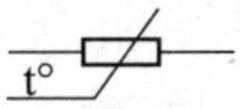 t°	具有两个电极的压电晶体	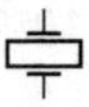
滑线式变阻器	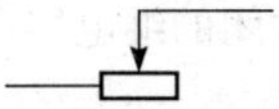	电感器、线圈、绕组、扼流圈	
分路器	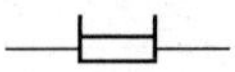	带铁芯的电感器	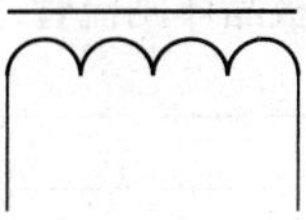
滑动触点电位器	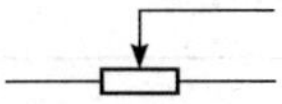	熔断器	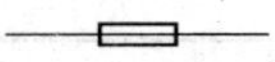

续前表

名　称	图形符号	名　称	图形符号
仪表照明调光电阻器		熔丝	
光敏电阻		电路断电器	
加热元件、电热塞		永久磁铁	
电容器		操作器件一般符号	
可变电容器		一个绕组电磁铁	
极性电容器	+		
穿心电容器		两个绕组电磁铁	
半导体二极管一般符号		不同方向绕组电磁铁	
稳压二极管		触点常开的继电器	
发光二极管			
双向二极管（变阻二极管）		触点常闭的继电器	
三极晶体闸流管			
五、仪表			
指示仪表	*	转速表	n

续前表

名　称	图形符号	名　称	图形符号
电压表	(V)	温度表	(t°)
电流表	(A)	燃油表	(Q)
电压、电流表	(A/V)	车速里程表	(v)
欧姆表	(Ω)	电钟	(钟面符号)
瓦特表	(W)	数字式电钟	(数字显示+钟面符号)
油压表	(OP)		
六、传感器			
传感器的一般符号	[*]	空气流量传感器	[AF]
温度表传感器	[t°]	氧传感器	[λ]
空气温度传感器	[$t°_n$]	爆震传感器	[K]
水温传感器	[$t°_w$]	转速传感器	[n]
燃油表传感器	[Q]	速度传感器	[v]
油压表传感器	[OP]	空气压力传感器	[AP]
空气质量传感器	[m]	制动压力传感器	[BP]

续前表

名　　称	图形符号	名　　称	图形符号
七、电气设备			
照明灯、信号灯、仪表灯、指示灯		内部通信联络及音乐系统	
双丝灯		收放机	
荧光灯		天线电话	
组合灯		传声器一般符号	
预热指示器		点火线圈	
电喇叭		分电器	
扬声器		火花塞	
蜂鸣器		电压调节器	U
报警器、电警笛		转速调节器	n
信号发生器	G	温度调节器	t°
脉冲发生器	G	串激绕组	
闪光器	G	并激或他激绕组	

续前表

名 称	图形符号	名 称	图形符号
霍尔信号发生器	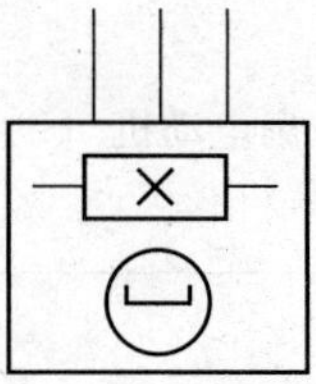	集电环或换向器上的电刷	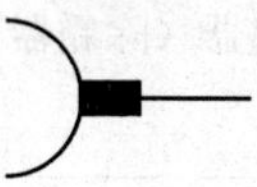
磁感应信号发生器	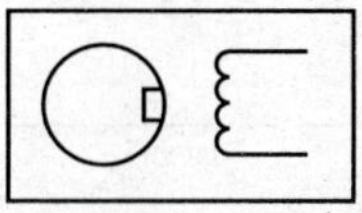	直流电动机	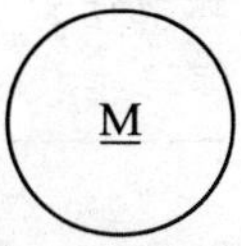 M
温度补偿器	 t° COMP	串激直流电动机	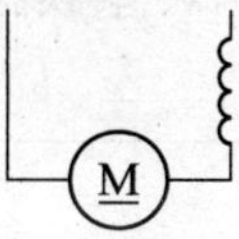 M
电磁阀一般符号	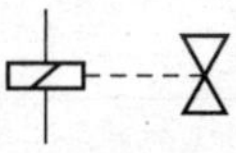	并激直流电动机	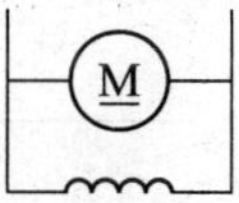 M
常开电磁阀	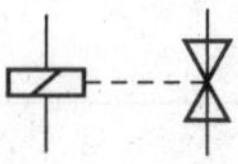	永磁直流电动机	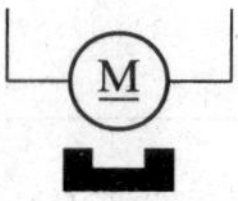 M
常闭电磁阀	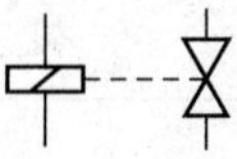	启动机（带电磁开关）	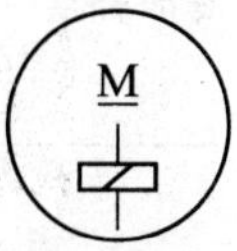 M
电磁离合器	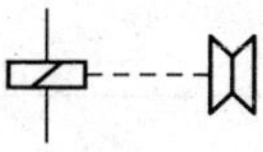	燃油泵电动机、 洗涤电动机	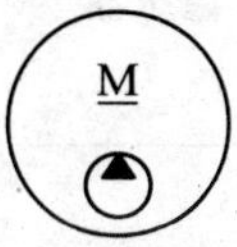 M
用电动机操纵的怠速调整装置	 M	晶体管电动汽油泵	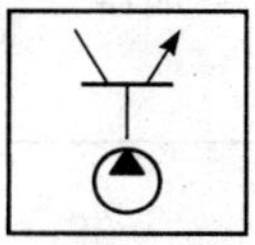
过电压保护装置	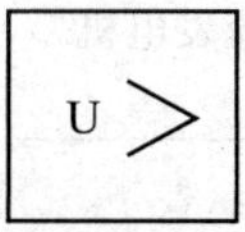 U	加热定时器	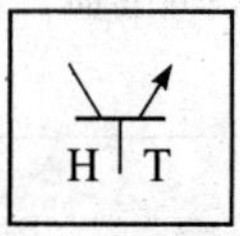 H T
过电流保护装置	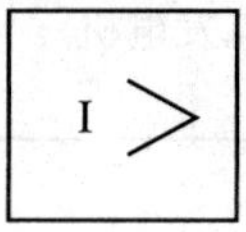 I	点火电子组件	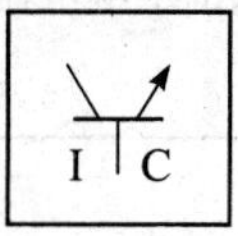 I C

续前表

名　称	图形符号	名　称	图形符号
加热器（除霜器）		风扇电动机	M
振荡器		刮水电动机	M
变换器、转换器		电动天线	M
光电发生器	G	直流伺服电动机	SM
空气调节器		直流发电机	G
滤波器		星形连接的三相绕组	
稳压器	U const	三角形连接的三相绕组	
点烟器		定子绕组为星形连接的交流发电机	G 3~
热继电器		定子绕组为三角形连接的交流发电机	G 3~
间歇刮水继电器		外接电压调节器与交流发电机	G 3~ U

续前表

名 称	图形符号	名 称	图形符号
防盗报警系统	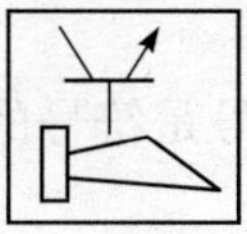	整体式交流发电机	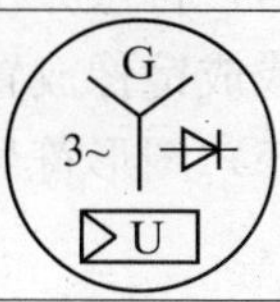 G 3~ U
天线一般符号		蓄电池	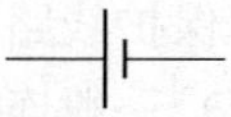
发射机	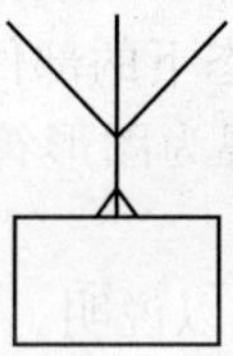	蓄电池组	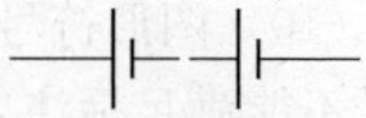
收放机	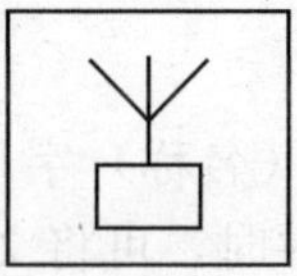		

另外，对标准中没有规定的符号，可以选取标准中给定的基本符号、一般符号和明细符号，按规定的组合原则进行派生，以构成完整的元件或设备的图形符号，但在图样的空白处必须加以说明。如表 3—3 所示，将天线的一般符号和直流电动机的一般符号进行组合，就构成了电动天线的图形符号。

表 3—3 电动天线图形符号的组合示例

图形符号	说 明
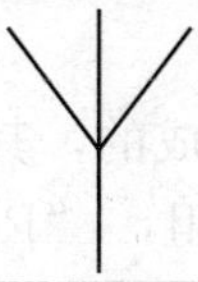	天线的一般符号
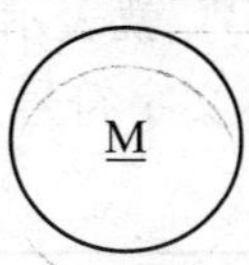 M	直流电动机的一般符号
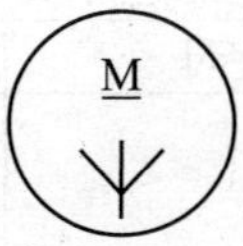 M	电动机天线的派生符号

(四) 图形符号的使用原则

(1) 首先选用优选形。

(2) 在满足条件的情况下，采用最简单的形式，但图形符号必须完整。

（3）在同一份电路图中，同一图形符号采用统一形式表示。

（4）符号方位不是固定的，在不改变符号意义的前提下，符号可根据图面布置的需要旋转或成镜像放置，但文字和指示方向不得倒置。

（5）图形符号中一般没有端子代号，如果端子代号是符号的一部分，则端子代号必须画出。

（6）导线符号可以用不同宽度的线条表示，如电源线路（主电路）可用粗实线表示，控制、保护线路（辅助电路）则可用细实线表示。

（7）一般连接线不是图形符号的组成部分，方位可根据实际需要调整。

（8）符号的意义由其形式决定，可根据需要进行缩小或放大。

（9）图形符号表示的是无电压、无外力的常规状态下的部件。

（10）图形符号中的文字符号、物理量符号，应视为图形符号的组成部分。当用这些符号不能满足标注要求时，可按有关标准加以补充。

（11）电路图中若未采用规定的图形符号，必须加以说明。

二、文字符号

文字符号是由电气设备、装置和元器件的种类（名称）字母代码和功能（状态、特征）字母代码组成的。电气技术领域中编制技术文件时，可将文字符号标注在电气设备、装置和元器件上或其近旁，以表明其名称、功能、状态和特征。此外，还可与基本图形符号和一般图形符号组合使用，以派生新的图形符号。文字符号分为基本文字符号和辅助文字符号两大类。基本文字符号又可以分为单字母符号和双字母符号。

（一）基本文字符号

1. 单字母符号

单字母符号利用拉丁字母将各种电气设备、装置和元器件划分为二十三大类，每大类用一个专用单字母符号表示。如“C”表示电容器类，“R”表示电阻类等。

2. 双字母符号

双字母符号是由一个表示种类的单字母符号与另一字母组成的，其组合形式应以单字母符号在前而另一字母在后的次序列出。如：“R”表示电阻，“RP”就表示电位器，“RT”表示热敏电阻；“G”表示电源、发电机、发生器，“GB”就表示蓄电池，“GS”表示同步发电机、发生器，“GA”表示异步发电机。常用的基本文字符号如表 3—4 所示。

表 3—4　　常用基本文字符号

设备、装置、元器件种类	举　例	基本文字符号	
		单字母	双字母
组件 部件	分离元件放大器调节器	A	
	电桥		AB
	晶体管放大器		AD
	集成电路放大器		AJ
	印制电路板		AP
	抽屉柜		AT
	支架盘		AR

续前表

设备、装置、元器件种类	举　例	基本文字符号	
		单字母	双字母
非电量到电量变换器 或电量到非电量变换器	送话器 扬声器 晶体换能器	B	
	压力变换器		BP
	温度变换器		BT
电容器	电容器	C	
二进制元件、延迟器件、 存储器件	数字集成电路和器件	D	
其他元器件	其他元器件	E	
	发热器件		EH
	照明灯		EL
保护器件	过电压放电器件避雷器	F	
	熔断器		FU
	限压保护器件		FV
发生器 发电机 电源	振荡器	G	
	发生器		
	同步发电机		GS
	异步发电机		GA
	蓄电池		GB
信号器件	声响指示器	H	HA
	光指示器		HL
	指示灯		HL
继电器 接触器	交流继电器	K	KA
	双稳态继电器		KL
	接触器		KM
	簧片继电器		KR
电感器 电抗器	感应线圈 电抗器	L	
电动机	电动机	M	
	同步电动机		MS
	力矩电动机		MT
模拟元件	运算放大器 模拟/数字混合器件	N	
测量设备 试验设备	指示器件信号发生器	P	
	电流表		PA
	（脉冲）计数器		PC
	电度表		PJ
	电压表		PV
电力电路的 开关器件	断路器	Q	QF
	电动机保护开关		QM
	隔离开关		QS

续前表

设备、装置、元器件种类	举例	基本文字符号	
		单字母	双字母
电阻器	电阻器 变阻器	R	
	电位器		RP
	热敏电阻器		RT
	压敏电阻器		RV
控制、记忆、信号电路的开关器件选择器	控制开关 选择开关	S	SA
	按钮开关		SB
	压力传感器		SP
	位置传感器		SQ
	温度传感器		ST
变压器	电流互感器	T	TA
	控制电路电源用变压器		TC
	电力变压器		TM
	电压互感器		TV
电子管 晶体管	二极管 晶体管 晶闸管	V	VD
	电子管		VT
传输通道、波导、天线	导线 母线 波导 天线	W	
端子 插头 插座	连接插头和插座 接线柱 焊接端子板	X	
	连接片		XB
	测试插孔		XJ
	插头		XP
	插座		XS
	端子板		XT
电气操作的机械器件	气阀	Y	
	电磁铁		YA
	电动阀		YM
	电磁阀		YV
终端设备 混合变压器 滤波器 均衡器 限幅器	晶体滤波器	Z	

（二）辅助文字符号

辅助文字符号表示电气设备、装置和元器件以及线路的功能、状态和特征。如“SYN”表示同步，“L”表示限制左或低，“RD”表示红色，“ON”表示闭合，“OFF”表示断开等。常用辅助文字符号见表 3—5 所示。

表 3—5　　**常用辅助文字符号**

文字符号	名　称	文字符号	名　称
A	电流	ASY	异步
A	模拟	B BRK	制动
AC	交流	BK	黑
A AUT	自动	BL	蓝
ACC	加速	BW	向后
ADD	附加	C	控制
ADJ	可调	CW	顺时针
AUX	辅助	CCW	逆时针
D	延时（延迟）	P	保护
D	差动	PE	保护搭铁
D	数字	PEN	保护搭铁与中性线共用
D	降低		
DC	直流	PU	不搭铁保护
DEC	减少	R	记录
E	接地	R	右
EM	紧急	R	反
F	快速	RD	红
FB	反馈	R RST	复位
FW	正，向前		
GN	绿	RES	备用
H	高	RUN	运转
IN	输入	S	信号
INC	增加	ST	启动
IND	感应	S SET	置位，定位
L	左		
L	限制	SAT	饱和
L	低	STE	步进
LA	闭锁	STP	停止
M	主	SYN	同步
M	中	T	温度
M	中间线	T	时间
M MAN	手动	TE	无噪声（防干扰）搭铁
N	中性线	V	真空
OFF	断开	V	速度
ON	闭合	V	电压
OUT	输出	WH	白
P	压力	YE	黄

(三) 文字符号的使用规则

(1) 单字母符号应优先选用。

(2) 只有当单字母符号不能满足要求，需要进一步划分时，才采用双字母符号，以便较详细和具体地表示电气设备、装置和元器件等。如“F”表示保护器类，“FU”表示熔断器，“FV”表示限压保护器件。

(3) 辅助文字符号也可放在表示种类的单字母符号后组成双字母符号，如“ST”表示启动，“DC”表示直流，“AC”表示交流。为简化文字符号，若辅助文字符号由两个字母组成时，允许只采用其第一位字母进行组合，如“MS”表示同步电动机，其中的“S”为辅助文字符号“SYN”(同步) 的首字母。辅助文字符号还可以单独使用，如“ON”表示接通，“N”表示中性线，“E”表示搭铁，“PE”表示保护搭铁等。

三、电路制图的一般规则

为了便于识读电路图，需要了解电路制图的一般规则。

(一) 信号线和指引线

在电路制图中，信号线和指引线的箭头表示方法，如图 3—4 所示。

图 3—4　信号线和指引线的箭头表示方法

指引线用细实线表示，且指向被注释处，并可以根据不同情况在指引线的末端加注黑点、实心箭头和短斜线，如图 3—5 所示。

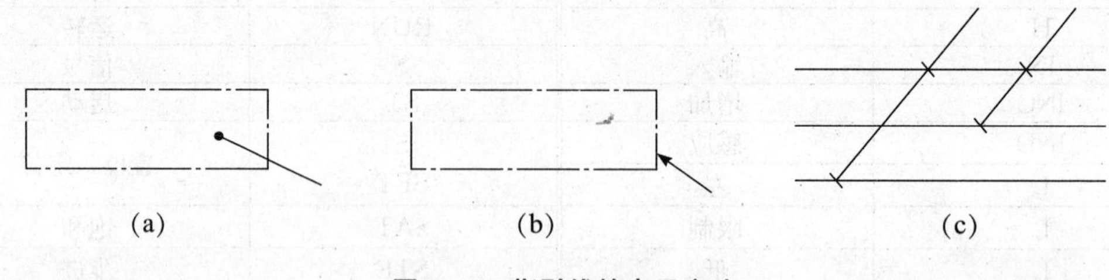

图 3—5　指引线的表示方法

(二) 连接线

1. 一般要求

连接线应采用实线，而计划扩展的内容用虚线。有时为了突出或区分某些电路功能，可采用不同粗细的连接线。连接线应避免在与另一条连接线的交叉处改变方向，避免穿过其他连接线的连接点。

2. 中断线

当连接线穿越画面或穿越线条较为稠密的区域时，允许将连接线中断，并在中断处添加相应的标记。图 3—6 为中断线的表示方法。另外，去向相同的线组也可中断，但必须在线组的末端加注适当的标记，如图 3—7 所示。

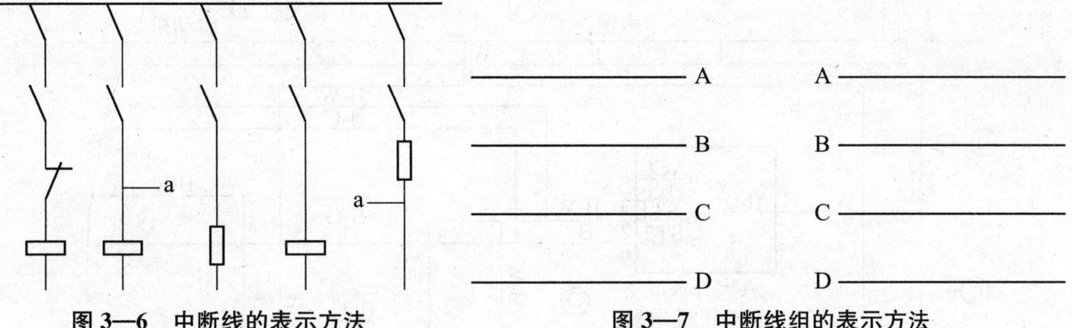

图 3—6　中断线的表示方法　　　　**图 3—7　中断线组的表示方法**

3. 单线表示法

为了避免平行线过多，造成图面复杂，可采用单线表示法。图 3—8 表示两端处于相同位置的一组平行线。在一组导线中，当连接线两端处于不同位置时，为避免交叉太多，也可用单线表示，但对应连接线两端应标以相同的编号，如图 3—9 所示。

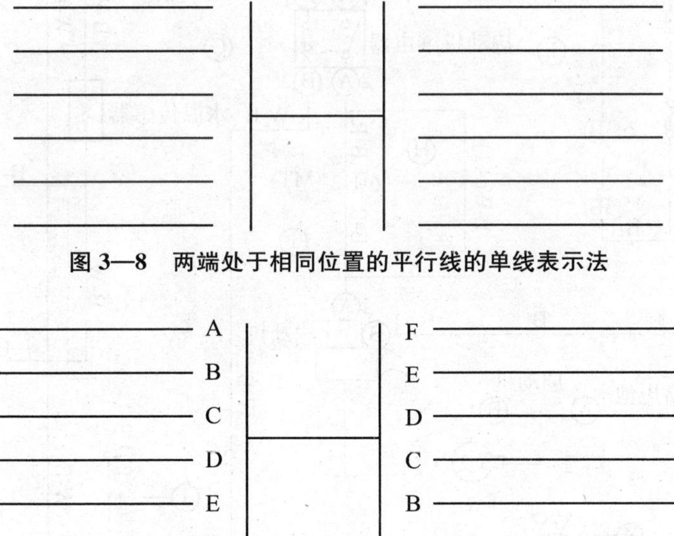

图 3—8　两端处于相同位置的平行线的单线表示法

图 3—9　两端处于不相同位置的平行线的单线表示法

第三节　汽车电路图识读举例

一、丰田车系电路图的识读

(一) 丰田车系电路图常用符号

丰田车系电路图常用符号如图 3—10 所示。

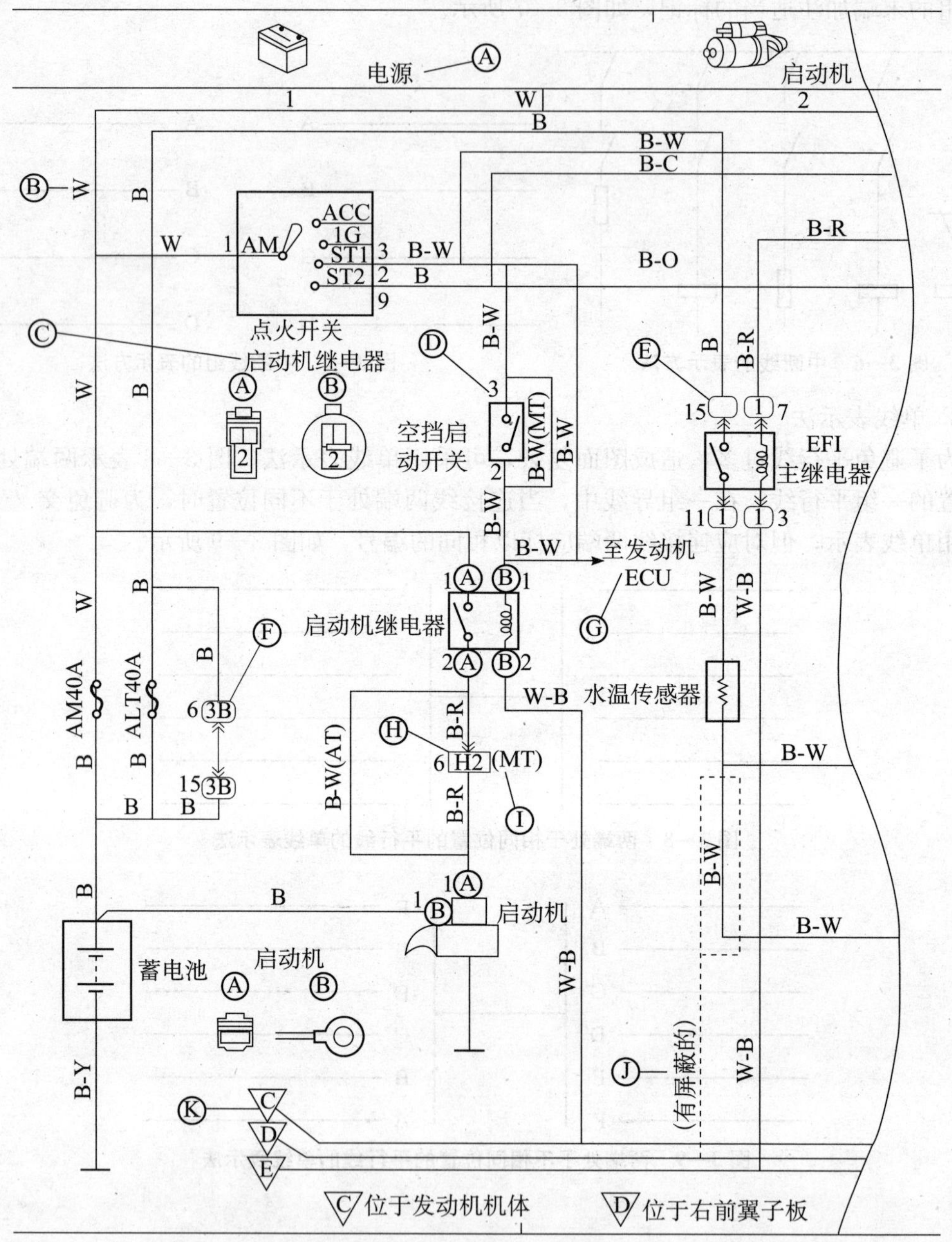

图 3—10　丰田佳美电路常用符号

A—系统标题；B—配线颜色；C—表示与元件相连的连接器（数字表示引脚号）；D—表示连接器的引脚号；E—表示继电器盒（图中数字表示继电器盒的号码）；F—表示接线盒（圆圈内的数字表示接线盒的号码，连接器的代号标在旁边）；G—表示相关联的系统；H—表示配线与配线连接器，带阳端子的配线用箭头“》”表示，外侧数字表示引脚号码；I—当车辆型号、发动机型号或规格不同时，“()”用来表示不同的配线和连接器等；J—表示屏蔽的配线；K—表示搭铁点

(二) 丰田车系电路图导线颜色标记

丰田车系导线电路图颜色标记如表 3—6 所示。

表 3—6　　丰田车系导线颜色标记

缩写字母	英　文	中　文	缩写字母	英　文	中　文
B	Black	黑色	O	Orange	橙色
BR	Brown	棕色	P	Pink	粉色
G	Green	绿色	R	Red	红色
GR	Gray	灰色	V	Violet	紫色
Bl	Blue	蓝色	W	White	白色
LG	Light Green	浅绿	Y	Yellow	黄色

（三）丰田车系电路图识读举例

丰田汽车全车电路图由以下几部分组成：电源电路、启动电路、点火电路、照明与灯光信号装置电路、电子控制装置电路、仪表电路、辅助装置电路等。下面以凯美瑞电动车窗为例来介绍。

1. 接头视图

电动车窗各接头如图 3—11 所示。

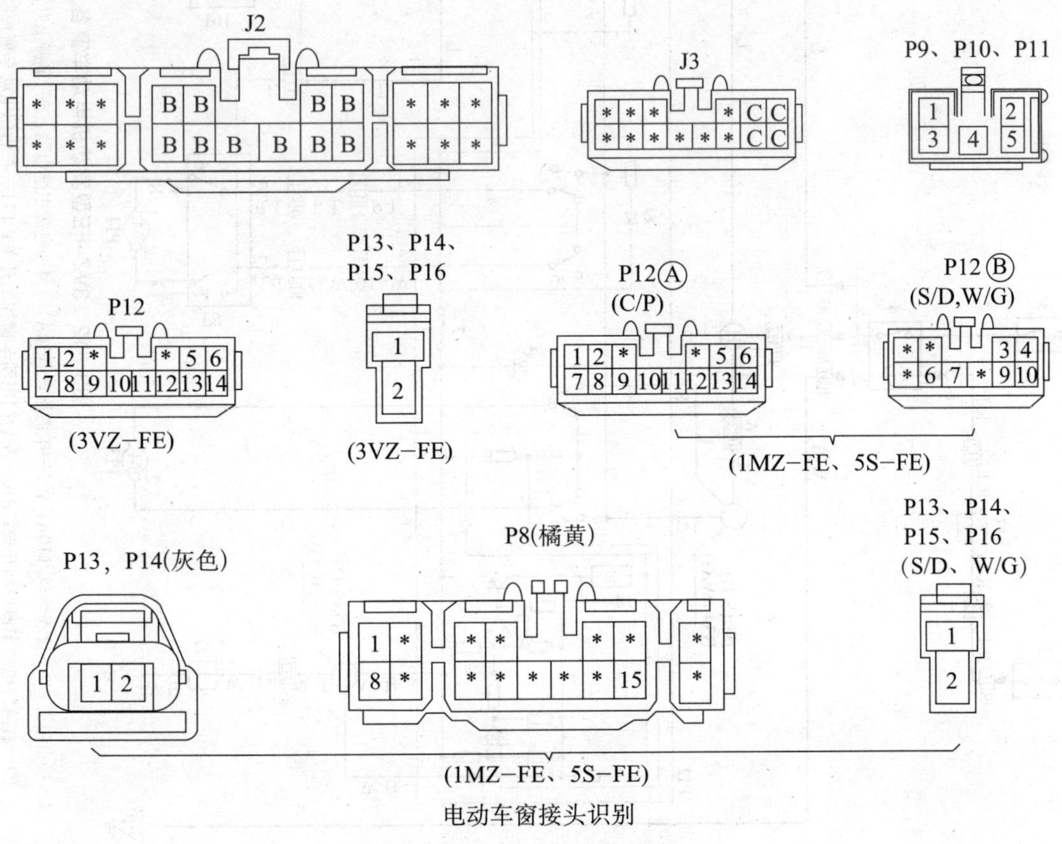

图 3—11　电动车窗各接头

2. 电路图

3VZ－FE 型发动机电动车窗系统各元件的电路连接及工作原理图如图 3—12 所示。

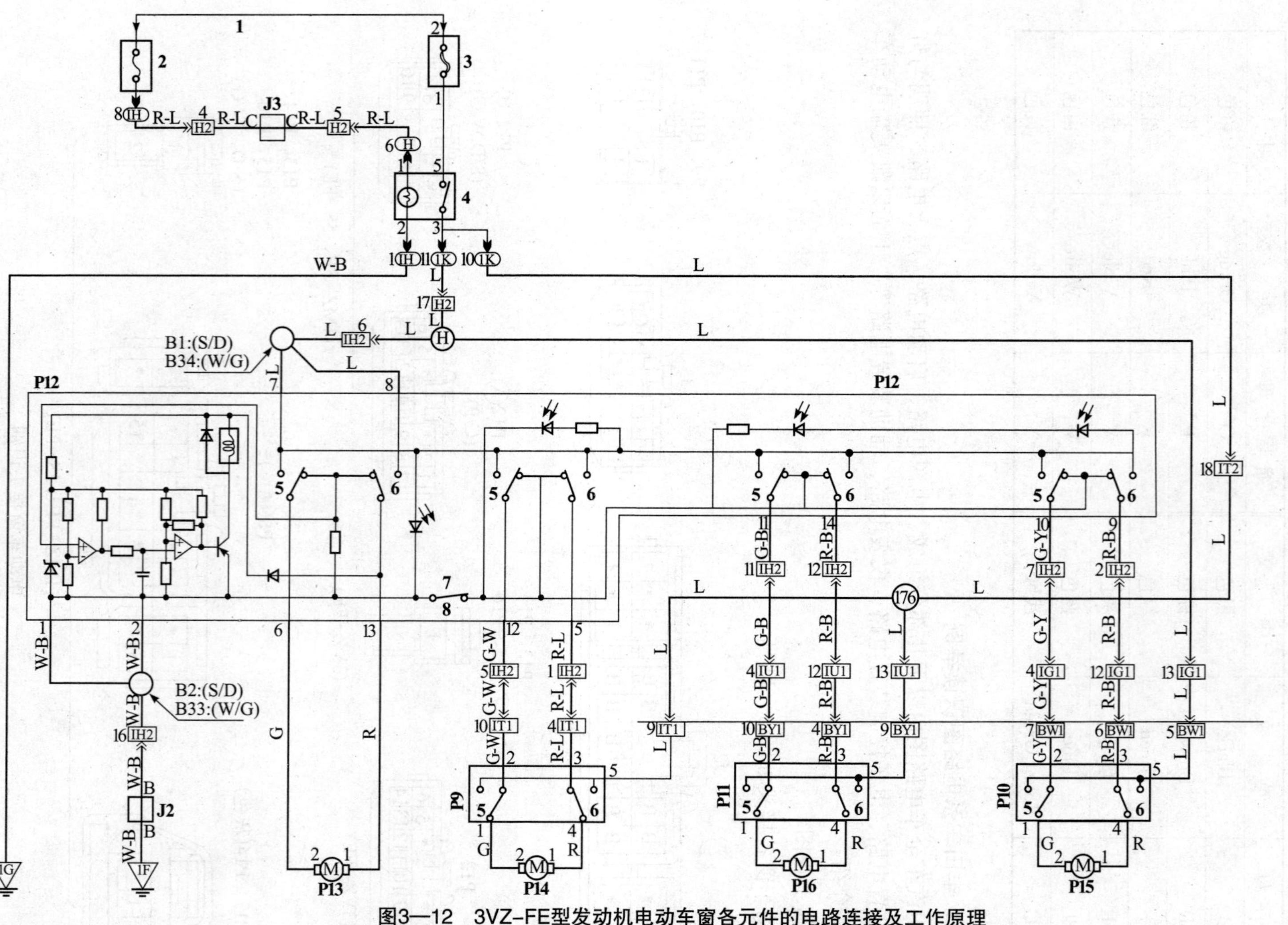

图3—12　3VZ-FE型发动机电动车窗各元件的电路连接及工作原理

1—接自电源；2—仪表熔丝（10A）；3—电源熔丝（30A）；4—电源主继电器；5—车窗上升；6—车窗降下；7—锁定；8—正常；J3、J2—插接接头；P9—右前门电动车窗控制开关；P10—左后门电动车窗控制开关；P11—右后门电动车窗控制开关；P12—电动车窗总开关；P13—左前门电动车窗电机；P14—右前门电动车窗电机；P15—左后门电动车窗电机；P16—右后门电动车窗电机当点火开关接通时，电流流向为：仪表熔丝→电源主继电器的端子1→端子2→搭铁，电源主继电器接通。电流通过电源熔丝，流向为：电源主继电器的端子5→电源主继电器的端子3→电动车窗总开关的端子7或端子8→各门电动车窗控制开关。

(1) 司机侧车窗控制开关的手动操作。当点火开关接通且电动车窗总开关（手动开关）在上升位置时，电流流向为：电动车窗总开关的端子7或8→端子6→左前门电动车窗电机的端子2→端子1→电动车窗开关的端子13→端子2或1→搭铁，电动车窗电机朝使车窗上升的方向转动。当电动车窗总开关在下降位置时，电流流向为：电动车窗总开关的端子7或8→端子13→左前门电动车窗电机的端子1→端子2→电动车窗总开关的端子6→端子2或1→搭铁，电动车窗电机朝使车窗降下的方向转动。

(2) 司机侧车窗自动降下的操作。当点火开关接通且电动车窗总开关的自动开关在降下位置时，电流流向为：电动车窗开关的端子7或8→端子13→左前门电动车窗电机的端子1→端子2→电动车窗总开关的端子6→端子2→搭铁，电机朝使车窗降下的方向转动，电动车窗总开关中的电磁阀接通，自动开关锁定在按下位置，从而使电机继续转动。当车窗完全降下，电动车窗总开关的端子6和端子2间的电流强度增大时，电磁阀断开，自动开关断开，从电动车窗总开关的端子7流向端子13的电流被切断，左前门电动车窗电机停转，车窗自动停在降下位置。

(3) 司机侧车窗自动降下的中断。车窗自动降下当手动开关（司机侧）位于上升位置时，电动车窗总开关的搭铁电路断路，电流不能从电动车窗总开关的端子流向搭铁，因此左前门电动车窗电机停转，车窗的自动降下中断。如果电动车窗总开关一直按下，则电机朝着使车窗上升的方向转动。

(4) 右前门电动车窗（乘客侧车窗）控制开关的手动操作。当右前门电动车窗（乘客侧车窗）控制开关处于上升位置时，电流流向为：右前门电动车窗控制开关的端子5→端子1→右前门电动车窗电机的端子2→端子1→右前门电动车窗控制开关的端子4→端子3→电动车窗总开关的端子5→端子1或2→搭铁，使右前门电动车窗电机朝使右前车窗上升的方向转动。只要右前门电动车窗控制开关保持在上升位置，右前车窗将一直上升。

当右前车窗降下时，右前门电动车窗控制电机的电流朝相反方向流动，即从端子1流向端子2，因此右前门电动车窗电机朝相反方向转动。

当右前车窗锁止开关位于锁止位置时，右前车窗搭铁电路断路，由于电动车窗总开关的端子1和2未搭铁，右前门电动车窗电机不能转动，因此右前门电动车窗不能进行开、关操作，右前车窗锁定。左后、右后门电动车窗的操作和右前门电动车窗的操作原理相同。

二、本田车系电路图识读

(一) 本田车系电路图常用符号

本田车系电路图常用符号如图3—13所示。

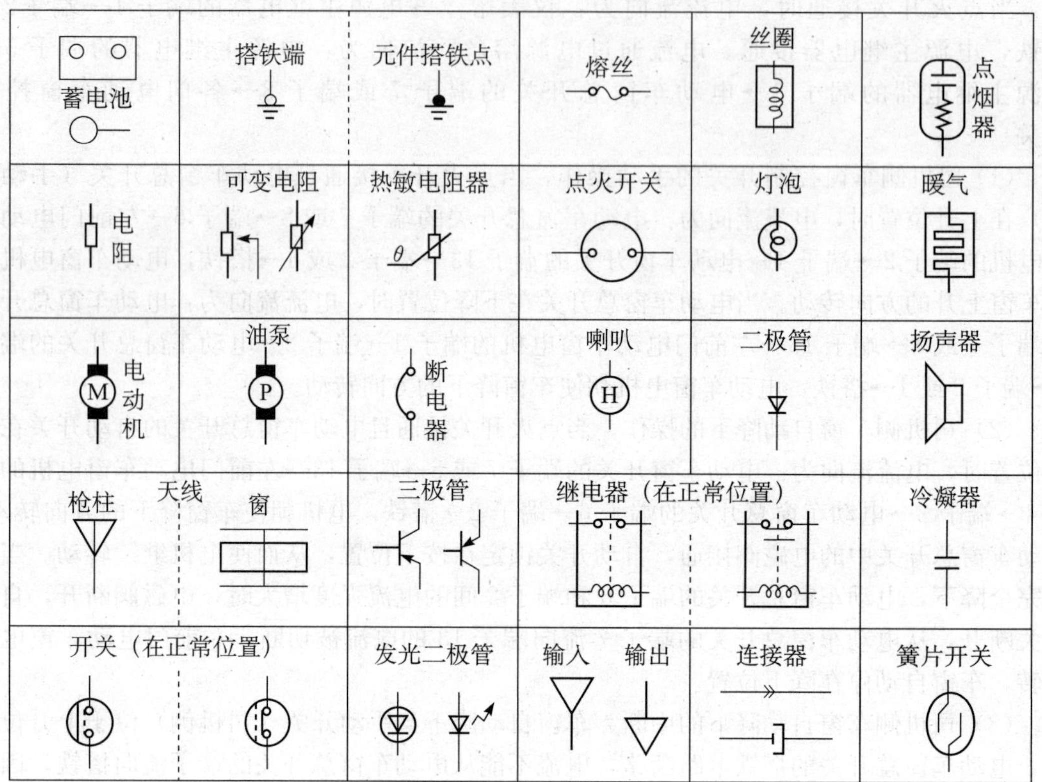

图 3—13　本田车系电路图常用符号

（二）本田车系电路图导线颜色标记

本田车系电路图导线颜色标记见表 3—7。

表 3—7　本田车系电路图导线颜色标记

缩写字母	英文	中文	缩写字母	英文	中文
WHT	White	白色	PNK	Pink	粉红
YEL	Yellow	黄色	BRN	Brown	棕色
BLK	Black	黑色	GRY	Gray	灰色
BLU	Blue	蓝色	LT BLU	Light Blue	浅蓝
GRN	Green	绿色	LT GRN	Light Green	浅绿
RED	Red	红色	PUR	Purple	紫色
ORN	Orange	橙色			

（三）本田车系电路图识读举例

如图 3—14 所示为广州本田雅阁（ACCORD）电动坐椅控制系统电路图。

广州本田雅阁轿车驾驶席坐椅有 8 种调节方式，包括：前端上下调节、前后调节、后端上下调节、前后倾斜调节。

1. 前端坐椅上下调节

（1）向上调节。当将电动坐椅前端上下调节开关打到“向上”位置时，电路中的电流流向为：蓄电池正极→黑线→（发动机盖下熔丝/继电器盒）No. 42（100A）、No. 55

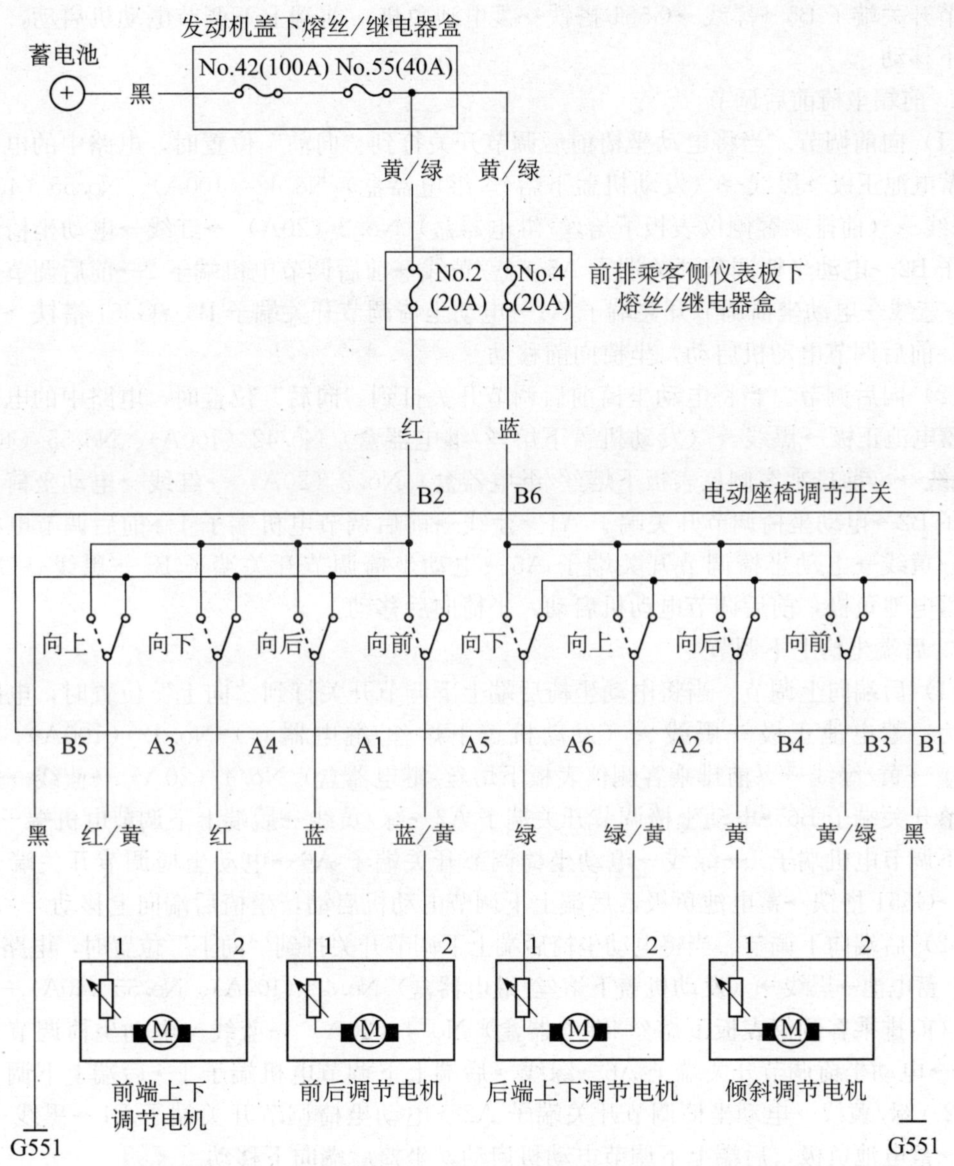

图 3—14　广州本田雅阁（ACCORD）电动坐椅控制系统电路图

(40A) →黄/绿线→（前排乘客侧仪表板下熔丝/继电器盒）No. 2（20A）→红线→电动坐椅调节开关端子 B2→电动坐椅调节开关端子 A3→红/黄线→前端上下调节电机端子1→前端上下调节电机→前端上下调节电机端子 2→红线→电动坐椅调节开关端子 A4→电动坐椅调节开关端子 B5→黑线→G551 搭铁→蓄电池负极，前端上下调节电动机启动，坐椅前端向上移动。

(2) 向下调节。当将电动坐椅前端上下调节开关打到“向下”位置时，电路中的电流流向为：蓄电池正极→黑线→（发动机盖下熔丝/继电器盒）No. 42（100A）、No. 55 (40A) →黄/绿线→（前排乘客仪表板下熔丝/继电器盒）No. 2（20A）→红线→电动坐椅调节开关端子 B2→电动坐椅调节开关端子 A4→红线→前端上下调节电机端子 2→前端上下调节电机→前端上下调节电机端子 1→红/黄线→电动坐椅调节开关端子 A3→电动坐椅调节开关端子 B5→黑线→G551 搭铁→蓄电池负极，前端上下调节电动机启动，坐椅前端向下移动。

2. 前端坐椅前后调节

（1）向前调节。当将电动坐椅前后调节开关打到“向前”位置时，电路中的电流流向为：蓄电池正极→黑线→（发动机盖下熔丝/继电器盒）No. 42（100A）、No. 55（40A）→黄/绿线→（前排乘客侧仪表板下熔丝/继电器盒）No. 2（20A）→红线→电动坐椅调节开关端子 B2→电动坐椅调节开关端子 A5→蓝/黄线→前后调节电机端子 2→前后调节电机端子 1→蓝线→电动坐椅调节开关端子 A1→电动坐椅调节开关端子 B5→G551 搭铁→蓄电池负极，前后调节电动机启动，坐椅向前移动。

（2）向后调节。当将电动坐椅前后调节开关打到“向后”位置时，电路中的电流流向为：蓄电池正极→黑线→（发动机盖下熔丝/继电器盒）No. 42（100A）、No. 55（40A）→黄/绿线→（前排乘客侧仪表板下熔丝/继电器盒）No. 2（20A）→红线→电动坐椅调节开关端子 B2→电动坐椅调节开关端子 A1→蓝线→前后调节电机端子 1→前后调节电机端子 2→蓝/黄线→电动坐椅调节开关端子 A5→电动坐椅调节开关端子 B5→黑线→G551 搭铁→蓄电池负极，前后调节电动机启动，坐椅向后移动。

3. 后端坐椅上下调节

（1）后端向上调节。当将电动坐椅后端上下调节开关打到“向上”位置时，电路中的电流为：蓄电池正极→黑线→（发动机盖下熔丝/继电器盒）No. 42（100A）、No. 55（40A）→黄/绿线→（前排乘客侧仪表板下熔丝/继电器盒）No. 4（20A）→蓝线→电动坐椅调节开关端子 B6→电动坐椅调节开关端子 A2→绿/黄线→后端上下调节电机端子 2→后端上下调节电机端子 1→绿线→电动坐椅调节开关端子 A6→电动坐椅调节开关端子B1→黑线→G551 搭铁→蓄电池负极，后端上下调节电动机启动，坐椅后端向上移动。

（2）后端向下调节。当将电动坐椅后端上下调节开关打到“向下”位置时，电路中的电流为：蓄电池→黑线→（发动机盖下熔丝/继电器盒）No. 42（100A）、No. 55（40A）→黄/绿线→（前排乘客侧仪表板下熔丝/继电器盒）No. 4（20A）→蓝线→电动坐椅调节开关端子 B6→电动坐椅调节开关端子 A6→绿线→后端上下调节电机端子 1→后端上下调节电机端子 2→绿/黄线→电动坐椅调节开关端子 A2→电动坐椅调节开关端子 B1→黑线→G551 搭铁→蓄电池负极，后端上下调节电动机启动，坐椅后端向下移动。

4. 前端坐椅倾斜调节

（1）向前倾斜。当将电动坐椅倾斜开关打到“向前”位置时，电路中的电流为：蓄电池正极→黑线→（发动机盖下熔丝/继电器盒）No. 42（100A）、No. 55（40A）→黄/绿线→（前排乘客席侧仪表板下熔丝/继电器盒）No. 4（20A）→蓝线→电动坐椅调节开关端子 B6→电动坐椅调节开关端子 B3→黄/绿线→倾斜调节电机端子 2→倾斜调节电机端子 1→黄线→电动坐椅调节开关端子 B4→电动坐椅调节开关端子 B1→黑线→G551 搭铁→蓄电池负极，倾斜调节电动机启动，坐椅后端向前倾斜。

（2）向后倾斜。当将电动坐椅倾斜开关打到“向后”位置时，电路中的电流为：蓄电池→黑线→（发动机盖下熔丝/继电器盒）No. 42（100A）、No. 55（40A）→黄/绿线→（前排乘客侧仪表板下熔丝/继电器盒）No. 4（20A）→蓝线→电动坐椅调节开关端子B6→电动坐椅调节开关端子 B4→黄线→倾斜调节电机端子 1→倾斜调节电机端子 2→黄/绿线→

电动坐椅调节开关端子 B3→电动坐椅调节开关端子 B1→黑线→G551 搭铁→蓄电池负极，倾斜调节电动机启动，坐椅后端向后倾斜。

三、通用车系电路图识读

(一) 通用车系电路图常用符号

通用车系电路图常用符号如表 3—8 所示。

表 3—8　　通用车系电路图常用符号

符　号	说　明	符　号	说　明
	静电放电敏感（ESD）图标。本图标用于提醒技术人员，该系统含有对静电放电敏感的部件，在维修前需要特别注意。参见“告诫和注意”中的“静电放电注意”。		完整部件。当部件采用实线框表示时，所示部件或线束表示完整。
	辅助充气式保护装置（SIR）或辅助充气式保护系统（SRS）图标。 本图标用于提醒技术人员，该系统含有辅助充气式保护装置（SIR）/辅助充气式保护系统（SRS）部件，在维修前需要特别注意。参见“告诫和注意”中“附加充气保护装置维修须知”。	F15 10	熔丝（15 号熔丝，10A）
II OBD II	车载诊断（OBDII）图标。 本图标用于提醒技术人员，该电路对 OBDII 排放控制电路的操作十分重要。任一电路如果出现故障将导致故障指示灯（MIL）亮，则该电路就属于 OBDII 电路。		可熔断连接
	重要提示图标。 本图标用于提醒技术人员还有其他辅助系统维修的信息。	12	部件上连接的连接器
	部件局部。当部件采用虚线框表示时，部件或线束均未完全表示。	X5 20	直列线束连接器（X5 号接头，20 号针）
S100	接头		蓄电池

续前表

符　号	说　明	符　号	说　明
	底盘接地	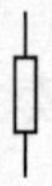	电阻器
	单丝灯泡	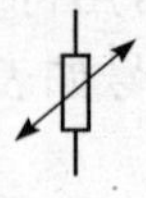	可变电阻器
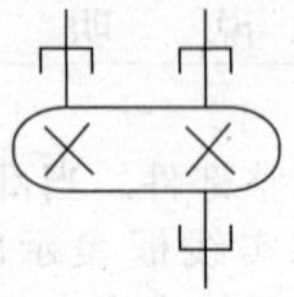	双丝灯泡	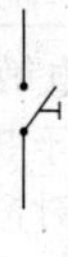	输入/输出开关
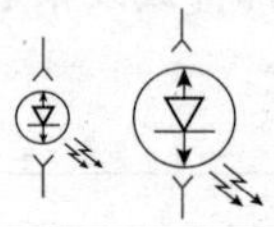	发光二极管		二极管
	晶体	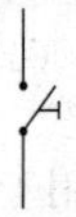	开关
	马达	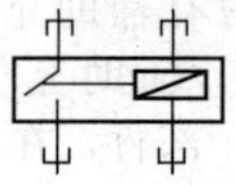	单极单掷继电器
	线圈	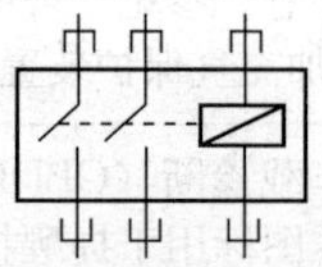	双极双掷继电器

（二）通用车系电路图导线颜色标记

通用车系电路图导线颜色标记见表 3—9。

表 3—9　　通用车系电路图导线颜色

图示导线颜色	导 线 颜 色
BLN	蓝色
BRN	褐色
YEL	黄色
GRN	绿色
GRY	灰色
RED	红色
BLK	黑色
PPL	紫色
WHT	白色

（三）通用车系电路图识读举例

通用别克启动系电路图如图 3—15 所示。

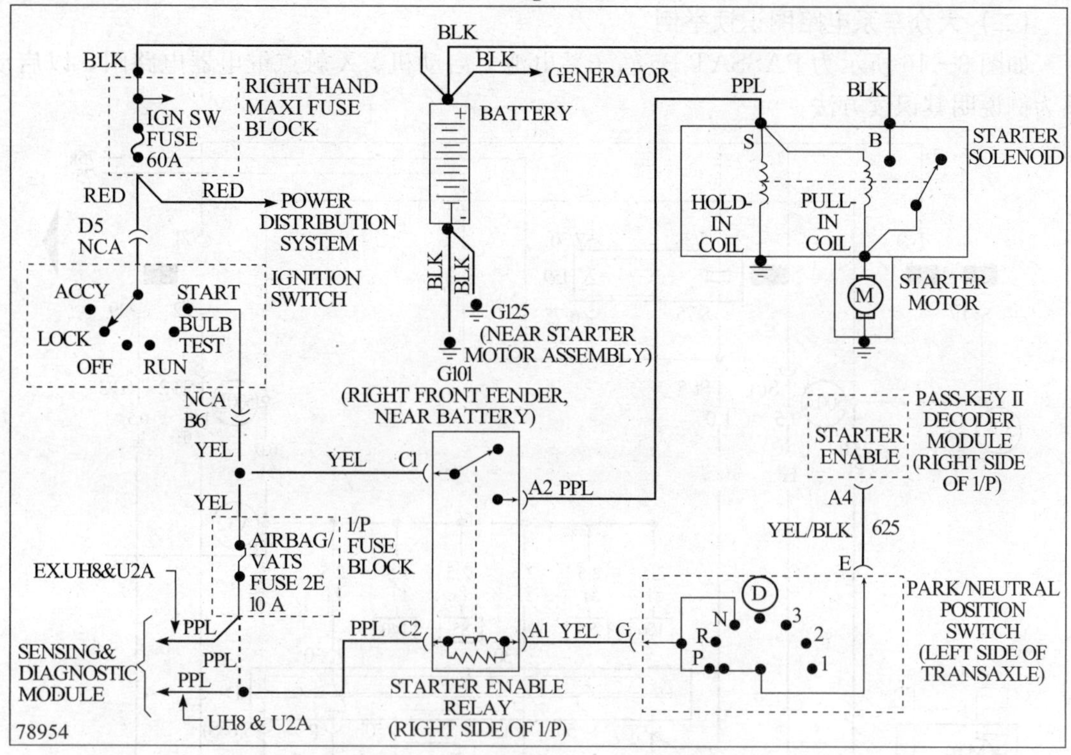

图 3—15　通用别克启动系电路图

汽车启动时电流流向如下：蓄电池正极→黑色导线→IGN SW 熔断器 60A→红色导线→点火开关 D5 端子→点火开关 B6 端子→黄色导线，此时，电流分两路分别控制启动控制模组和启动机，电流流向分以下两种情况：

（1）熔断器 10A→紫色导线→启动继电器 C2→线圈→黄色导线→空挡启动开关 G 端子→空挡启动开关→空挡启动开关 E 端子→启动控制模组；

（2）启动继电器 C1 端子→开关→启动继电器 A2 端子→紫色导线→启动机电磁开关 S 端子→启动机→搭铁。

待吸拉线圈接通后，在电磁力作用下，启动机电磁开关闭合，随后保持线圈导通，其电流流向为：蓄电池正极→黑色导线→启动机电磁开关 B 端子→启动机电动机→搭铁。

四、大众车系电路图的识读

（一）大众车系电路图导线颜色标记

大众车系电路图导线颜色标记见表 3—10。

表 3—10　　大众车系电路图导线颜色

缩写字母	中　文	缩写字母	中　文
Ws	白色	P	紫色
Br	棕色	R	红色
Bl	蓝色	Gr	灰色
Sw	黑色	Ge	黄色
Gn	绿色		

（二）大众车系电路图识读举例

如图 3—16 所示为 PASSAT B5 轿车蓄电池、启动机、X 触点继电器电路图，以启动系为例说明其识读方法。

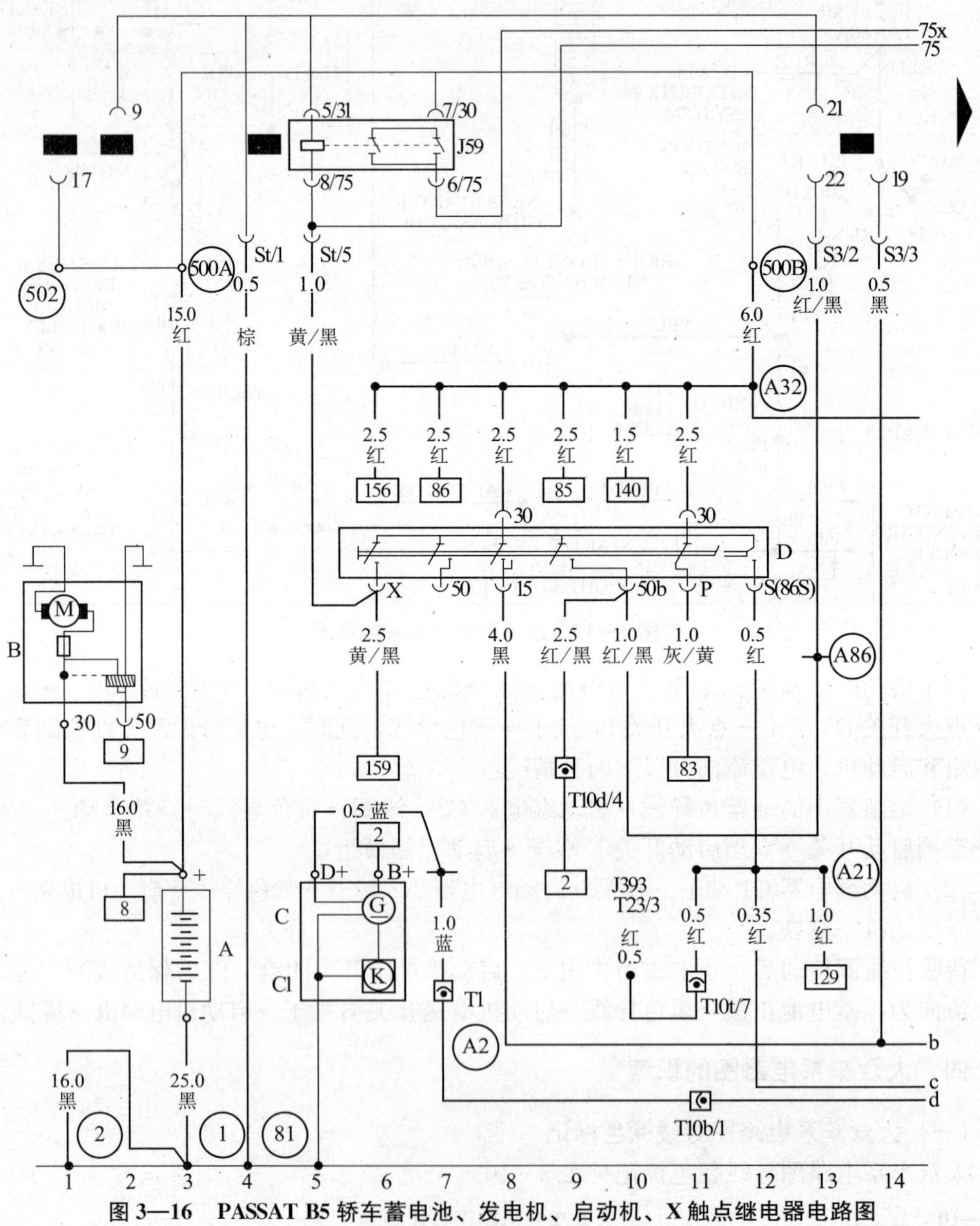

图 3—16　PASSAT B5 轿车蓄电池、发电机、启动机、X 触点继电器电路图

A—蓄电池；B—启动机；C—发电机；C1—调压器；J59—X 触点继电器；J393—舒适电子的控制单元；T1—单针插头，蓝色，在发动机缸线体的右侧；T10d—10 针插头，棕色，在发动机室中的控制单元防护罩左侧；T10t—10 针插头，红色，在左 A 柱处（9 号位）；T23—23 针插头，舒适电子的控制单元的连接插头；Ⓐ2—连接点（15），在仪表线束内；Ⓐ21—连接线（86S），在仪表线束内；Ⓐ32—正极连接线（30），在仪表板线束内；Ⓐ86—连接线（50b），在仪表板线束内；500A—螺栓连点 1（30c 火线），在继电器板上；500b—螺栓连点 1（30c 火线），在继电器板上；①—搭铁点，蓄电池与车身；②—搭铁点，变速器与车身；81—搭铁连接点，在仪表板线束内；502—螺栓连接点 3（30a 火线），在继电器板上；T10b—10 孔插头（黑色，在发动机室中电控单元防护罩内左侧，1 号位）

1. 电磁线圈线路

蓄电池正极→红色导线→正极连接线（60）A32→红色导线→点火开关端子“30”→点火开关→点火开关端子“50b”→红/黑导线→控制单元防护罩左侧的10针棕色插头4号端子→转入电路号码“2”→端子电路号码为“9”的红/黑导线→启动机电磁开关端子“50”→搭铁。

2. 电动机线路

蓄电池正极→黑色导线→发电机电磁开关端子“30”→搭铁。

如图3—16所示电路图不仅可用于表达汽车电气系统中主要元器件的线路走向，还可以表达电气线路的结构，其主要特点如下：

（1）基本电路按系统布局依次排列。从图面上看，整个电路都是纵向排列，同一系统的电路归纳在一起，在电路图中所占的篇幅限制在某一范围内。

（2）整个电路很少转折交叉。对于一些线路比较复杂的电器，为了将它们有机地连接起来而不破坏图面的连贯性，采用断线代号法加以解决。

（3）整个电路突出以中央接线盒为中心，电路图上标明了中央接线盒中安装的器件与导线。

（4）该电路图标明了电器的搭铁方式和部位。电路图底部横线表示搭铁线，导线搭铁端标注有带圈的数字代号。从图中可以看出，不是所有电器都是通过直接与金属车体相连而搭铁的，有的通过搭铁插座，有的则通过其他电器或电子设备而搭铁。

（5）线路中的连接插头统一表示。线路中的连接插头统一用字母T表示，紧接的数字表示该插头的孔数以及连接导线对应的孔的序号。例如，T4/2表示该插头为4孔，连接导线对应的插孔序号为2；T80/71表示该插头为80孔，连接导线对应的插孔序号为71。线路中的连接导线都标有铜芯截面积的直径（mm），有的电路图上还用汉字或英文字母标明导线颜色。

五、长安之星电路图识读

（一）长安之星电路图常用符号

长安之星电路图常用符号见图3—17。

（二）长安之星电路图导线颜色标记

长安之星导线颜色标记见表3—11。

表3—11　　长安之星电路图导线颜色标记

标　记	导线颜色	标　记	导线颜色
B	黑色	O	橙黄色
Bl	蓝色	R	红色
Br	棕色	W	白色
G	绿色	Y	黄色
Gr	灰色	P	粉红色
Lbl	浅蓝色	V	紫色
Lg	浅绿色		

蓄 电 池	接地(搭铁)		熔 断 器	主电源熔断器
断路保护器	电磁阀线圈	加热器	灯泡	
点烟器	电动机	泵	喇叭	扬声器
	M	P	H	+
蜂鸣器	音乐提示	电容器	热敏元件	舌簧开关
电阻器	可调电阻器		三极管	
			NPN	PNP
光敏三极管	二极管	稳压(齐纳)二极管	发光二极管	光敏二极管
压电元件	导线(线束)		继电器	
	(相连)	(相交)	常开继电器	常闭继电器
插接件	开关		“O”型接线端	

图 3—17　长安之星电路图常用符号

(三) 长安之星电路图识读举例

如图 3—18 所示为长安之星前照灯线路图。

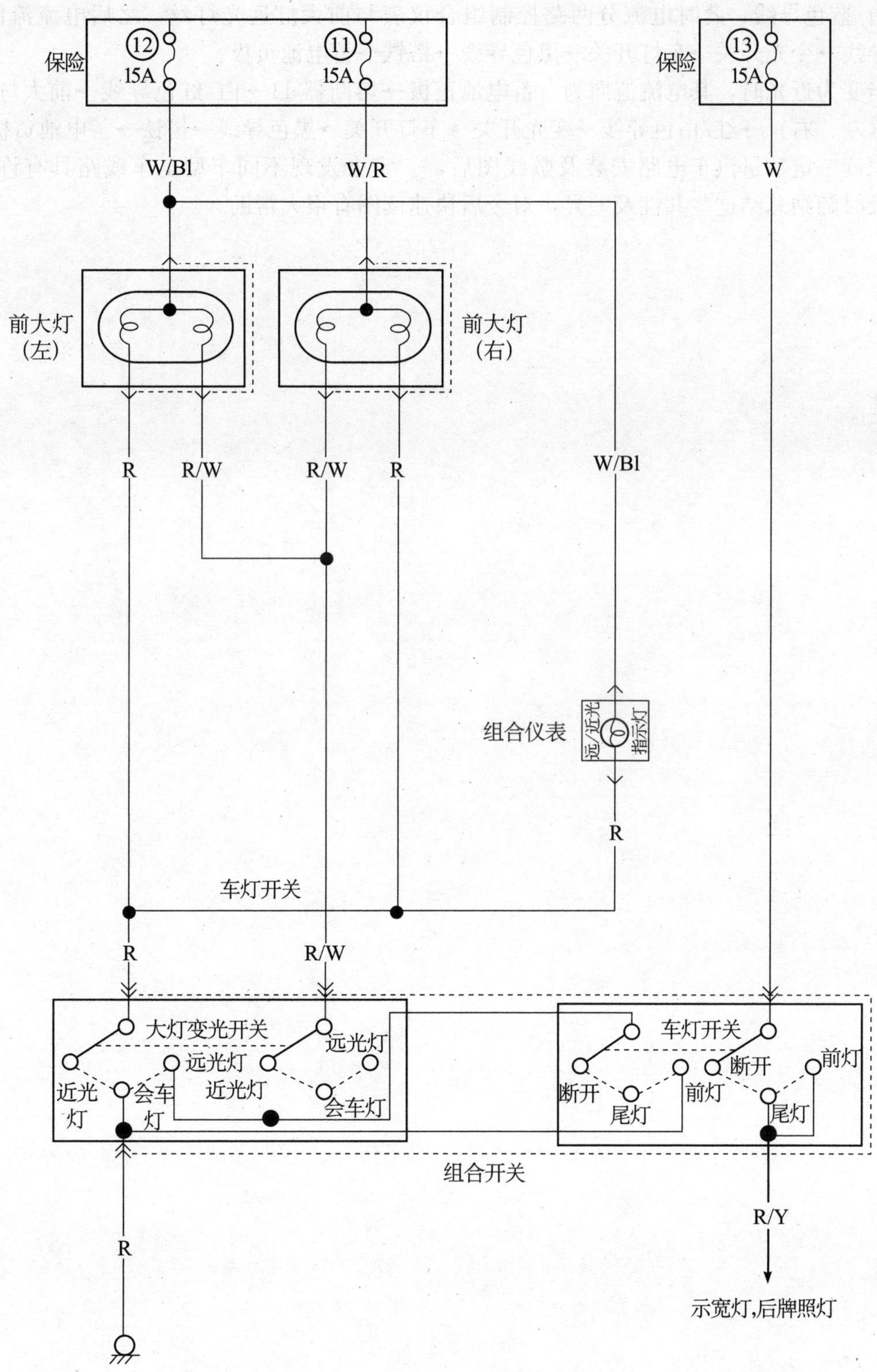

图 3—18　长安之星前照灯线路图

当前照灯开关闭合时，远光指示灯及远光灯亮，其电流流向如下：蓄电池正极→保险

12→白/蓝色导线，此时电流分两路控制组合仪表与前大灯远光灯丝，之后电流流向为：红色导线→变光开关→车灯开关→黑色导线→搭铁→蓄电池负极。

当变为近光时，其电流流向为：蓄电池正极→熔断器 11→白/红色导线→前大灯近光灯丝（左、右）→红/白色导线→变光开关→车灯开关→黑色导线→搭铁→蓄电池负极。

识读一定数量汽车电路安装及敷线图后，一定会发现不同车型全车线路具有许多共性，及时归纳总结这些共性及差异，对今后快速读图有很大帮助。

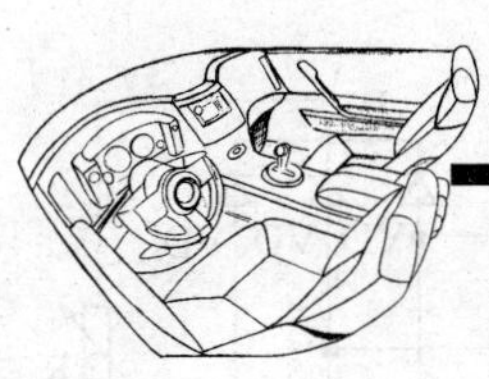

第四章

典型汽车电器电路分析

第一节 汽车电源电路分析

一、常见汽车电源电路

汽车电源电路是由发电机和蓄电池按并联方式连接组成的。这两个电源是汽车上所有用电设备的总电源。发电机和蓄电池可以轮流向用电设备供电，也可以同时向汽车用电设备供电（在汽车用电负荷过大，或发电机发电性能变差时）。发电机对蓄电池充电的情况可以在电流表或充电指示灯上表现出来。

如图 4—1 所示为典型电源系与用电设备连接关系电路图。其中开关 SW_1 是用于控制发电机励磁绕组电流通断的，当该开关触点闭合时，有电流流过励磁绕组；当该开关触点断开时，没有电流流过励磁绕组，发电机不能发电。在使用时应注意，当发动机熄火后，应将该开关置于断开位置，否则，蓄电池的电能会经过该开关流入发电机的励磁绕组，然后搭铁放电，结果会使蓄电池亏电，造成发动机启动时电力不足、启动困难。

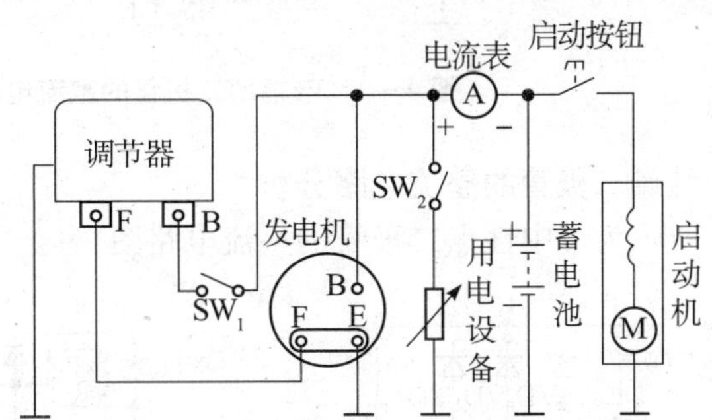

图 4—1　典型电源系与用电设备的连接关系图

二、交流发电机整流电路

（一）基本三相全波整流电路分析

最简单的三相全波整流电路主要由 6 只硅二极管组成，如图 4—2 所示。

由图可知，在整流过程中，任何时刻只有一只正极管和一只负极管导通，其余 4 只均截止。相对于中性点电位最高的一相，相应的正极管导通；电位最低的一相，相应的负极管导通。每只管子只导通 1/3 个周期。现对图 4—2 分析如下：

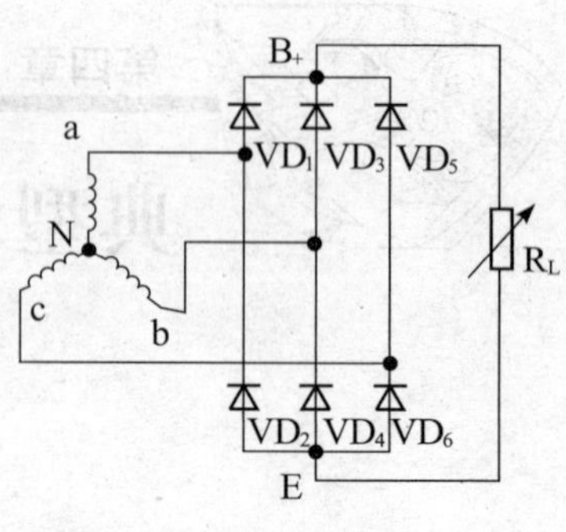

图 4—2 基本整流电路

设任一时刻 a 点电位最高，即有 $U_a > U_b > U_c$，于是 VD_1 导通，此时 B_+ 的电位被钳制为 $U_B = U_a - U_d$（U_d 是二极管的正向压降）。此时，VD_3 两端的压降为

$$U_b - U_B = U_b - U_a + U_d < U_d$$

因此，VD_3 不能导通。显然，VD_5 也不能导通。同理可以分析其他三只负极管——VD_2、VD_4 及 VD_6 的导通情况。

（二）带辅助二极管的整流电路分析

如图 4—3 所示为带辅助二极管的整流电路。在这种电路中，主要采用三只小功率的辅助二极管与主整流回路中的三只不同极性的二极管组成一个辅助的全波整流回路，专门供给励磁电流，并提供状态监测参考电压。这种电路的好处是为高精度的电压调节和过电压保护提供了条件。这种电路的缺点是当提供励磁电流的辅助二极管完好，而主回路同极性管有损坏时，会出现指示灯误指示的情况。

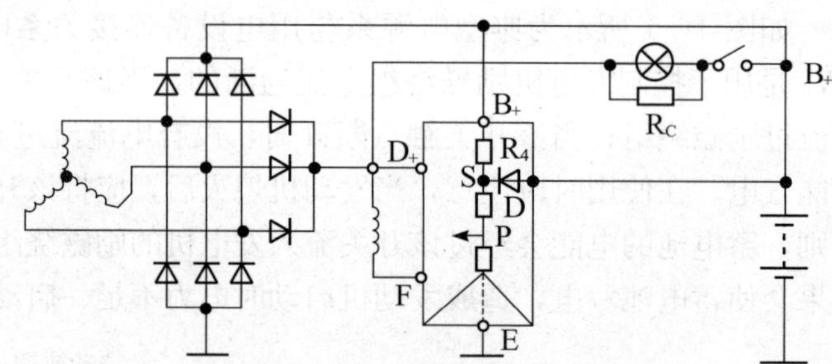

图 4—3 带辅助二极管的整流电路

（三）带中性点二极管的整流电路分析

如图 4—4 所示为带中性点二极管的整流电路图。

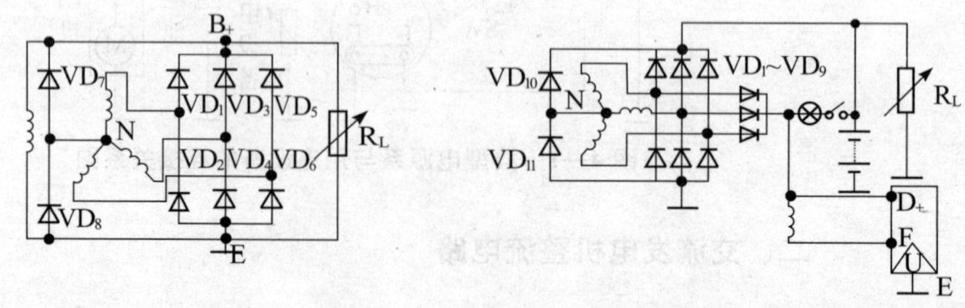

(a) 丰田皇冠12R发电机整流电路　(b)大众桑塔纳JF218132发电机整流电路

图 4—4 带中性点二极管输出的整流电路

中性点二极管利用汽车三相交流发电机在输出时相电压波形畸变的现象，即利用畸变

波形中的高次谐波分量（主要是三次谐被分量），来实现整流。虽然在星形连接中，这些谐波在线电压中表现不出来，但在中性点电压波形（即相电压波形）中就表现出来了。尽管中性点电压平均值只是主整流输出端 B_+ 或 D_+ 的一半，但波动程度却能够超出 B_+ 或 D_+，这样，它就有机会在每个周期的一定时间内使 VD_7 和 VD_8 导通输出电流。也就是说，若 N 点电位 V_N 在某个瞬间满足：$V_N > V_{B+} + 0.6V$（0.6V 是二极管导通压降），则 VD_7 或 VD_{10} 导通；若 $V_N < V_E - 0.6V$，则 VD_8 或 VD_{11} 导通。

三、电压调节器电路

由交流发电机的工作原理可知，对于某一发电机而言，要实现对其电压的调节，只能改变发电机的转速和磁通量的大小，而磁通量的大小又取决于励磁绕组电流的大小。因此，发电机的电压调节一般是通过控制励磁电流的大小来实现的。

（一）双级触点式电压调节器的工作原理

触点式电压调节器目前应用较少，尤其是单级触点式电压调节器已经被淘汰。现以 FT61 型双级触点式调节器为例（如图 4—5 所示），说明调节器的工作过程。

（1）打开点火开关，当发电机转速较低，其端电压低于蓄电池端电压时，由于通过磁化线圈的电流不够大，磁化线圈所产生的吸力不足以克服弹簧的拉力将衔铁吸下，所以调节器低速触点 K_1 闭合，由蓄电池向发电机提供励磁电流（他励）。励磁电路为：蓄电池正极→电流表→点火开关→调节器火线接线柱 S→低速触点 K_1→衔铁→调节器磁场接线柱 F→发电机励磁绕组→搭铁→蓄电池负极。在这种情况下，用电设备均由蓄电池供电，电流表指向“－”的一侧，调节器不起调节作用。

（2）当发电机转速升高，其端电压略高于蓄电池的端电压，但低于 14V 时，调节器低速触点仍闭合，发电机由他励转入自励而正常发电。励磁电路为：发电机正极→点火开关→调节器火线接线柱 S→低速触点 K_1→衔铁→调节器磁场接线柱 F→发电机励磁绕组→搭铁→发电机负极。与此同时，所有用电设备均由发电机供电（包括给蓄电池补充充电）。电流表指向“＋”的一侧，调节器的工作电路为：发电机正极→点火开关→调节器火线接线柱 S→R_1→R_3→搭铁→发电机负极。

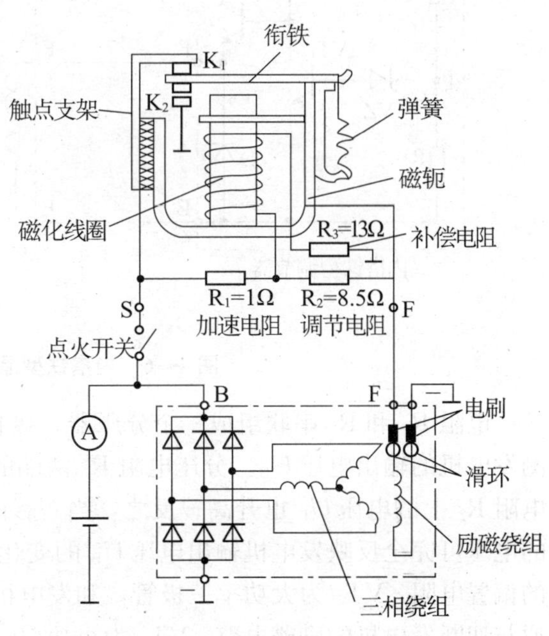

图 4—5 FT61 型双级触点式调节器原理电路

（3）当发动机转速继续升高，发电机的电压达到第一级调压值时，磁化线圈所产生的电磁力克服弹簧力，使低速触点 K_1 打开，但尚不能使高速触点 K_2 闭合。其励磁电路为：发电机正极→点火开关→调节器火线接线柱 S→R_1→R_2→调节器磁场接线柱 F→发电机励磁绕组→搭铁→发电机负极。

由于在励磁电路中串入 R_1 和 R_2，使励磁电流减小，端电压下降，低速触点又闭合。低速触点 K_1 重新闭合后，电流不经过电阻 R_1 和 R_2，励磁电流增大，端电压升高，低速触点再次打开。如此循环下去，在低速触点不断开合振动下，实现第一级电压的调节工作。

(4) 当发动机转速较高，发电机的电压超过第一级调压值，达到第二级调压值时，磁化线圈中产生的电磁力远大于弹簧力，使高速触点 K_2 闭合。此时的励磁电流流向为：发电机正极→点火开关→调节器火线接线柱 S→R_1→R_2→磁轭→衔铁→搭铁→发电机负极。即励磁电路短接搭铁，于是励磁电流为零，发电机端电压急速下降，高速触点 K_2 重新断开，励磁电路又被接通，励磁电流增大，电压上升，高速触点再次闭合。如此循环下去，在高速触点不断开闭振动下，实现第二级电压的调节工作。

(5) 发动机停转时，点火开关断开，发电机不发电，调节器恢复到不工作状态，即低速触点 K_1 常闭，高速触点 K_2 常开，电流表指针回到零位。

(二) 晶体管式调节器的工作原理

晶体管调节器经常与内搭铁或外搭铁形式的发电机配套使用，它也有内、外搭铁的区别，使用前一定要判断其搭铁形式，并与发电机相应的接线柱正确连接。

1. 内搭铁型晶体管调节器工作原理

内搭铁型晶体管调节器如图 4—6 所示。电路由三只电阻 R_1、R_2、R_3，两只三极管 VT_1、VT_2，一只稳压管 VZ 和一只二极管 VD 组成。

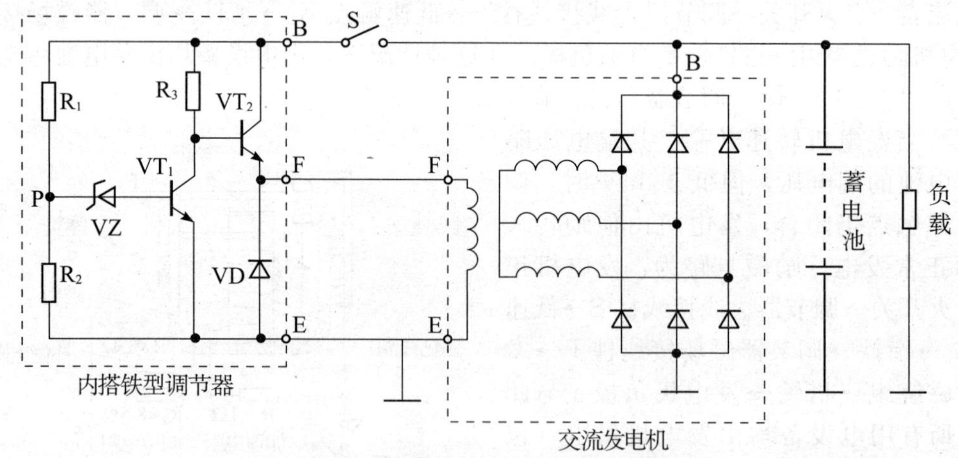

图 4—6 内搭铁型晶体管调节器电路原理

电阻 R_1 和 R_2 串联组成一个分压器，接在发电机输出端 B 与搭铁端 E 之间，直接监测发电机的输出电压 U_B。分压电阻 R_2 两端的电压为 U_P。当发电机电压 U_B 升高时，分压电阻 R_2 上的电压 U_P 也升高；反之，当 U_B 下降时，U_P 也下降。也就是说，电阻 R_2 两端的电压可完全反映发电机输出电压 U_B 的变化。电阻 R_3 既是 VT_1 的分压电阻，又是 VT_2 的偏置电阻。VT_2 为大功率三极管，和发电机的励磁绕组串联，工作在开关状态，用来接通与切断发电机的励磁电路。VT_1 为小功率三极管，用来放大控制信号。稳压管 VZ 是感受元件，串联在 VT_1 的基极电路中，并通过 VT_1 的发射结并联于分压电阻 R_2 的两端，以感受发电机输出电压 U_B 的变化。VD 是续流二极管，励磁绕组由接通变为断开状态时，产生自感电动势经二极管 VD 构成放电回路，防止三极管 VT_2 被击穿损坏。

电路工作原理：

（1）点火开关S刚接通时，发动机不转，发电机不发电，蓄电池电压加在分压器R_1、R_2上，此时因U_P较低不能使稳压管VS反向击穿，VT_1截止。此时，由于R_3的分压作用，使得VT_2导通，发电机磁场电路接通（他励完成），此时由蓄电池供给磁场电流，电路为：蓄电池正极→点火开关S→调节器B接线柱→三极管VT_2→调节器F接线柱→发电机F接线柱→励磁绕组→发动机E接线柱→搭铁→蓄电池负极。随着发动机的启动，发电机转速升高，发电机他励发电，电压上升。

（2）当发电机电压升高到略高于蓄电池电压时（发电机转速大约在900r/min左右时），发电机自励发电并开始对蓄电池充电。如果此时发电机输出电压U_B小于调节器调节电压上限，VT_1继续截止，VT_2继续导通，磁场电流由发电机供给，通路为：发电机正极→点火开关S→调节器B接线柱→三极管VT_2→调节器F接线柱→发电机F接线柱→励磁绕组→发动机E接线柱→搭铁→发电机负极。由于磁场电路一直导通，发电机电压随转速升高而迅速升高。

（3）当发电机电压升高到等于调节电压上限时，调节器对电压的调节开始。此时电阻R_1、R_2上的分压U_P达到VS的击穿电压，VS导通，VT_1导通，VT_2截止，发电机磁场电路被切断。由于磁场被断路，磁通量下降，发电机输出电压下降。

（4）当发电机电压下降到等于调节电压下限时，电阻R_1、R_2的分压减小，U_P下降到VZ的截止电压，VZ截止，VT_1截止，VT_2再次导通，磁场电路重新被接通，发电机电压上升。

如此周而复始重复过程（3）、（4），发电机输出电压U_B被控制在一定范围内，这就是内搭铁型电压调节器的工作原理。

2. 内搭铁型晶体管调节器电路分析

晶体管调节器电路原理图如图4—7所示，当点火开关S闭合，磁场继电器触点处于闭合状态时，这种调节器的工作过程如下：

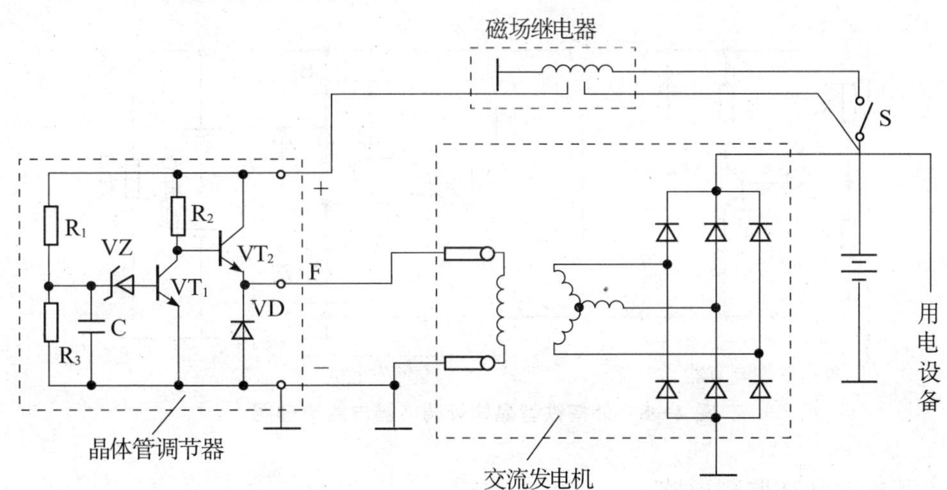

图4—7 JFT105型晶体管调节器电路原理图

（1）当发电机不转或转速较低时，由于加在电阻R_3上的分压不足以反向击穿稳压管

VZ，因此三极管 VT_1 处于截止状态，而 VT_2 的基极与发射极得到正向偏置电压，处于导通状态。此时的励磁电路为：蓄电池正极→磁场继电器触点→晶体管调节器正接柱→VT_2→晶体管调节器 F 接线柱→激磁绕组→搭铁→蓄电池负极构成回路。此时的励磁电流由蓄电池提供，是他励过程。

（2）随着发电机转速的升高，发电机的输出电压也随着升高，当发电机的输出电压高于蓄电池的端电压，而低于调节电压（调节电压一般为 13.5V～14.5V，具体的调节电压值以标志参数为准）时，加在 R_3 上的电压仍然不足以反向击穿稳压管 VZ，所以晶体管 VT_2 仍然处于导通状态，励磁电路基本不变，只是由他励（蓄电池供电）转化为自励（发电机供电）。

（3）当发电机转速继续升高，发电机输出电压达到调节电压值时，加在 R_3 上的电压使稳压管 VZ 反向击穿而导通，晶体管 VT_1 得到正向偏置电压，处于导通状态。由于 VT_1 的导通而使 VT_2 的基极与发射极短路，所以 VT_2 立即截止，从而切断了励磁电路，此时的发电机因没有励磁电流输出电压迅速下降。当发电机输出电压低于调节电压（但仍然高于蓄电池的端电压）时，晶体管电路又回到（2）所描述的状态（即 VT_2 导通，由发电机给励磁绕组提供励磁电流）。若此时发电机的转速仍然很高，发电机的输出电压会因为高于调节电压而得到晶体管电压调节器的调节，这样晶体管 VT_2 反复导通与截止，控制励磁电流的通断以保证发电机的输出电压不会超过设定的调节值。

总之，晶体管电压调节器是以稳压管为感受元件，利用电压的变化，控制三极管的导通与截止，来接通与切断发电机激磁电流，自动调节发电机输出电压的。

在 JFT105 型晶体管调节器电路中，VD 是续流二极管，它与发电机励磁绕组并联，用来保护大功率三极管 VT_2；R_3 既是三极管 VT_1 的集电极负载电阻，又是 VT_2 的基极偏置电阻；电容器 C 的作用是利用电容器两端电压不能突变的特点，推迟稳压管导通与截止的时间，从而降低三极管的开关频率，以减小晶体管的发热量。

外搭铁型晶体管调节器电路原理图如图 4—8 所示，留给读者自己分析。

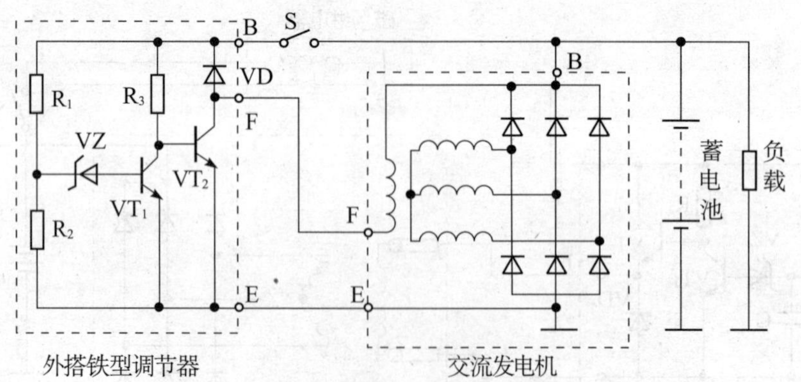

图 4—8　外搭铁型晶体管调节器电路原理图

四、蓄电池状态监测电路

蓄电池状态的好坏，直接关系到汽车电气系统能否正常工作。常用的蓄电池状态监测电路包括电流表监测电路、充电指示灯监测电路。

(一) 电流表监测电路

如图 4—9 所示为典型的电流表监测电路接线原理图。电流表串联于蓄电池与发电机之间，用指针的左右摆动指示蓄电池的充放电状态。由于它使用的是直流表头，所以随着电流进入电流表方向的改变，就可以实现指针不同方向的摆动。

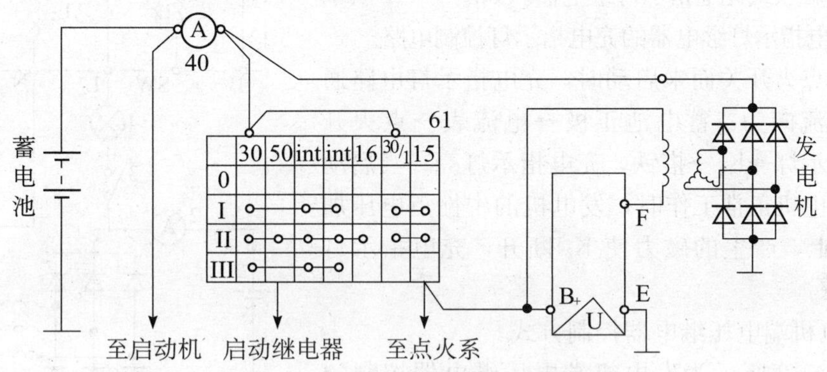

图 4—9　电流表监测电路接线原理图

(二) 充电指示灯监测电路

这种电路有三种工作方式，分别是：发电机中点电压继电器控制方式、发电机端电压继电器控制方式、发电机端电压直接控制方式。

1. 发电机中点电压继电器控制方式

在采用这种方式的电路中，充电指示灯继电器线圈由发电机中点电压控制。继电器有双触点和单触点两种形式。

(1) 双触点充电指示灯继电器。如图 4—10 所示为采用双触点充电指示灯继电器的充电指示灯控制电路。

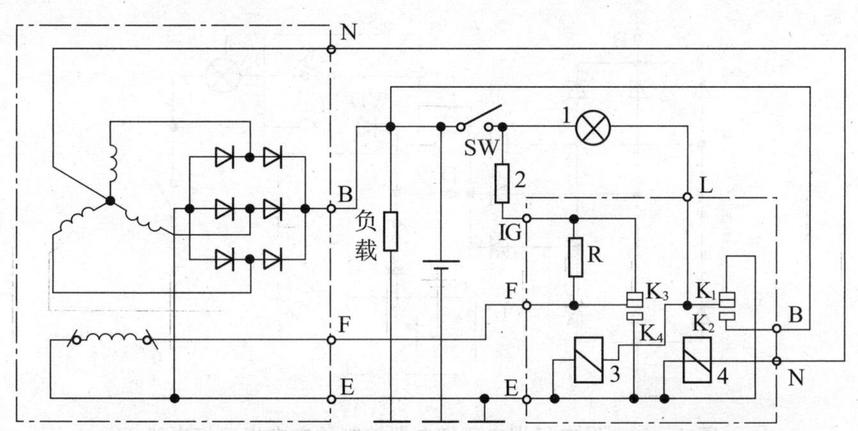

图 4—10　采用双触点充电指示灯继电器的充电指示灯控制电路

1—充电指示灯；2—熔丝；3—电压调节器线圈；4—充电指示灯继电器线圈

双触点充电指示灯继电器中的常闭触点 K_1 与充电指示灯串联，常开触点 K_2 与电压调节器的电磁线圈串联。当接通点火开关（不启动发动机），充电指示灯电路连通，电流的流向为：蓄电池正极→点火开关 SW→充电指示灯→K_1→搭铁，此时充电指示灯亮；当启动发动机，发电机正常工作时，发电机的中性点电压使充电指示灯继电器线圈通电，产生的磁力使 K_1 断开，K_2 闭合。K_1 断开使充电指示灯断电熄灭，K_2 闭合则使电压调节器线圈连接发电机端电压而开始正常工作。

（2）单触点式充电指示灯继电器。如图 4—11 所示为单触点充电指示灯继电器的充电指示灯控制电路。

当接通点火开关而未启动时，充电指示灯电路通路，电流的流向为：蓄电池正极→电流表→点火开关→充电指示灯→K_2→搭铁，充电指示灯亮；当启动发动机、发电机正常工作时，发电机的中性点电压加在线圈 L_2 上，产生的磁力使 K_2 断开，充电指示灯熄灭。

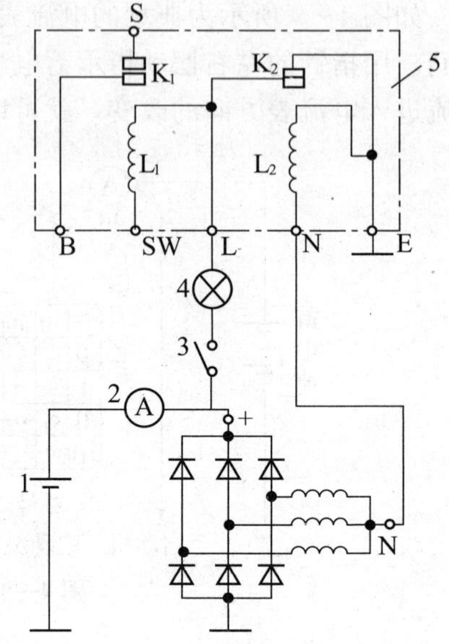

图 4—11　充电指示灯控制电路

1—蓄电池；2—电流表；3—点火开关；4—充电指示灯；5—组合继电器；K_1—启动继电器触点；K_2—充电指示灯继电器触点；L_1—启动继电器线圈；L_2—充电指示灯继电器线圈

2. 发电机端电压继电器控制方式

如图 4—12 所示为发电机端电压继电器控制的充电指示灯电路。

发电机为九管整流型，充电指示灯继电器触点 K 为常开触点，继电器线圈受发电机端电压控制。当接通点火开关而未启动时，调节器内的开关晶体管处于导通状态，充电指示灯继电器线圈通路，其电流流向为：蓄电池正极→点火开关→L→VD→磁场绕组→调节器→搭铁，L 产生磁力将充电指示灯继电器触点 K 吸合，充电指示灯亮。启动发动机，发电机正常工作时，D 点正常的输出电压高于蓄电池电压，VD 反向截止，使 L 断电，K 断开，充电指示灯熄灭。

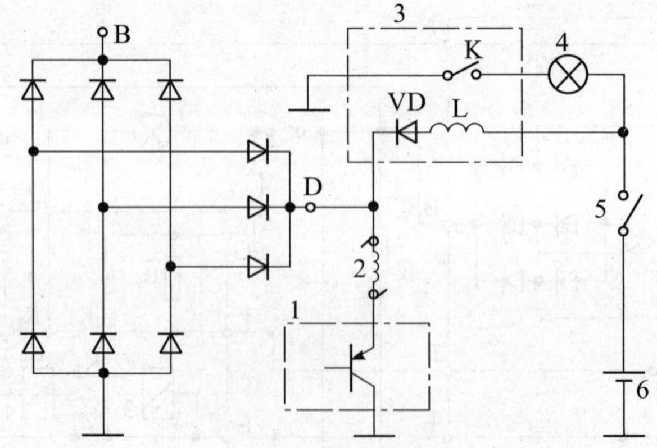

图 4—12　发电机端电压继电器控制的充电指示灯电路

1—调节器；2—发电机磁场绕组；3—充电指示继电器；4—充电指示灯；5—点火开关；6—蓄电池

3. 发电机端电压直接控制方式

这种充电指示灯控制电路无启动继电器，直接通过发电机的端电压控制充电指示灯。

（1）九管整流控制方式。将充电指示灯连接在发电机的 B、D 两端，其电路如

图 4—13所示。

当接通点火开关而不启动发动机时，调节器（D、F 端子之间）处于通路状态，充电指示灯电路连通，其电流流向为：蓄电池正极→点火开关→充电指示灯→调节器→磁场绕组→搭铁，充电指示灯点亮；当发动机启动，发电机正常工作时，发电机的 B、D 端电位升高且相等，使充电指示灯两端的电压下降为零，充电指示灯熄灭。

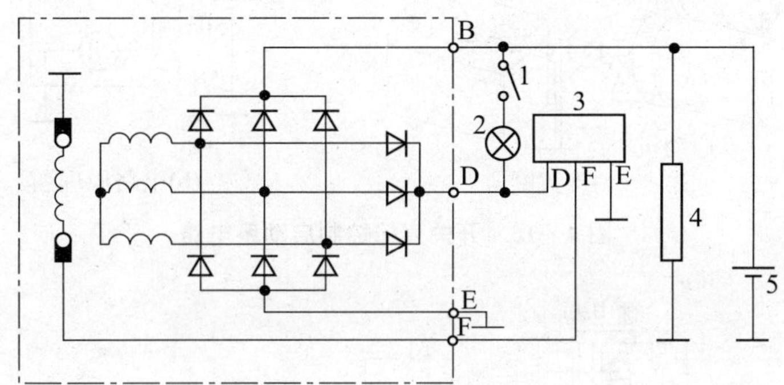

图 4—13 发电机端电压直接控制的充电指示灯电路（九管整流）

1—点火开关；2—充电指示灯；3—调节器；4—用电设备；5—蓄电池

（2）六管整流控制方式。这种方式在充电指示灯控制电路中增设了一个二极管 VD，电路如图 4—14 所示。

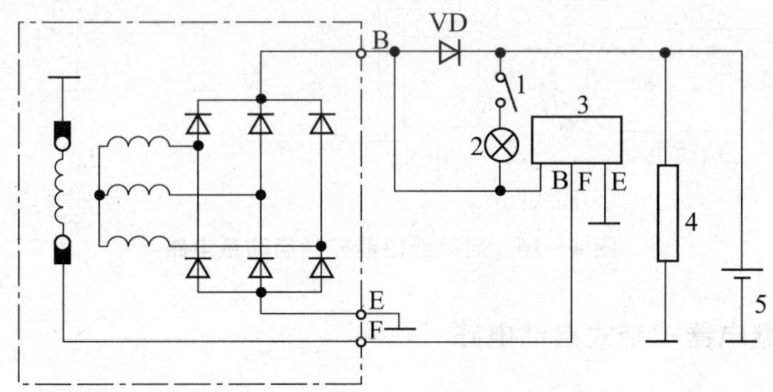

图 4—14 发电机端电压直接控制的充电指示灯电路（六管整流）

1—点火开关；2—充电指示灯；3—调节器；4—用电设备；5—蓄电池

当接通点火开关而不启动发动机时，蓄电池电压使 VD 反向截止，由蓄电池提供的励磁电流通过充电指示灯，指示灯亮起；当发电机正常工作时，发电机的端电压高于蓄电池电压，VD 导通，充电指示灯两端电压降为零，充电指示灯熄灭。

第二节 汽车启动电路分析

启动系控制电路一般分无启动继电器控制式、单继电器控制式和组合继电器控制式三种。无启动继电器控制式是指启动机直接由点火开关或启动按钮直接控制，通常用于较小功率启动机的微型车、轿车。直接控制式启动系电路如图 4—15 所示，带启动继电器控制式启动系电路如图 4—16 所示。

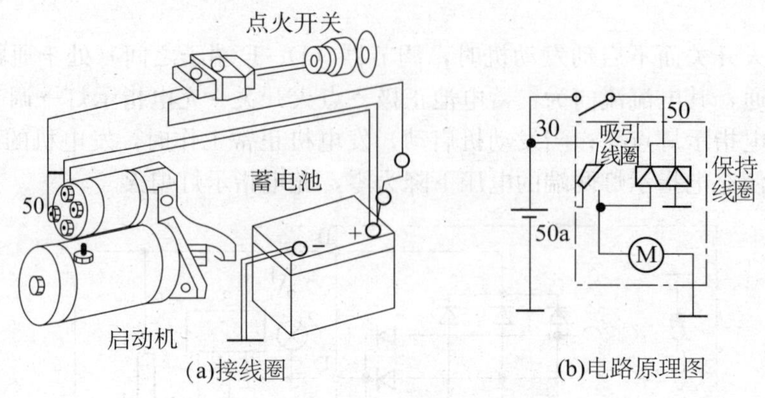

图 4—15　开关直接控制启动系电路

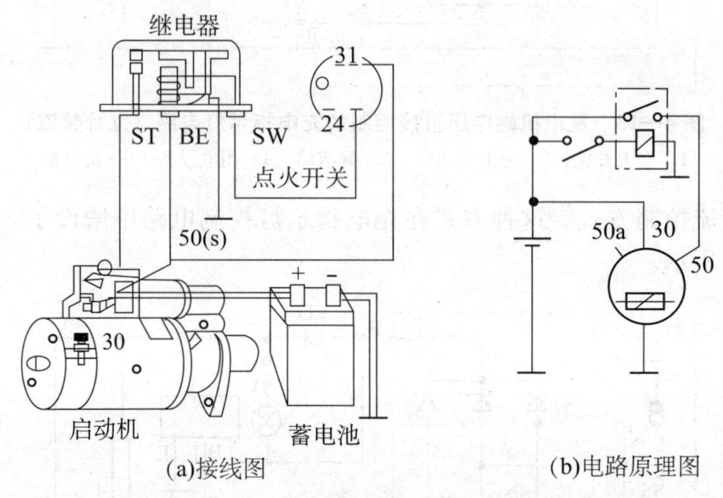

图 4—16　启动继电器控制启动系电路

一、无启动继电器控制式启动电路

无启动继电器控制式启动电路结构原理如图 4—15 所示。启动时，吸引线圈和保持线圈的电路接通，启动机产生正常的转矩，带动发动机旋转，启动发动机。当发动机启动后，松开启动按钮的瞬间，保持线圈中的电流只能经吸引线圈构成回路。由于此时两线圈所产生的磁通方向相反，磁力相互抵消启动机停止运转。

二、单继电器控制式启动电路

当汽车采用较大功率的启动机时，为了减小通过点火开关的电流强度，避免点火开关烧蚀，常用启动继电器触点来控制启动机电磁开关的大电流，而用点火开关启动挡控制继电器线圈的小电流。启动继电器的作用是以小电流控制大电流，保护点火开关，减少启动机电磁开关的线路电压降。

装有自动变速器的车辆，在自动变速器上装有空挡启动开关，空挡启动开关串联于启动继电器线圈搭铁端。只有自动变速器换挡杆处于停车挡和空挡时开关才能接通，其他挡位时均处于断开状态。因此避免了由于误操作而损坏机件的可能，有利于保护启动机和蓄电池。

如图 4—17 所示为某型号汽车的 QD124 型启动机的启动继电器控制式电磁开关的结构原理图。

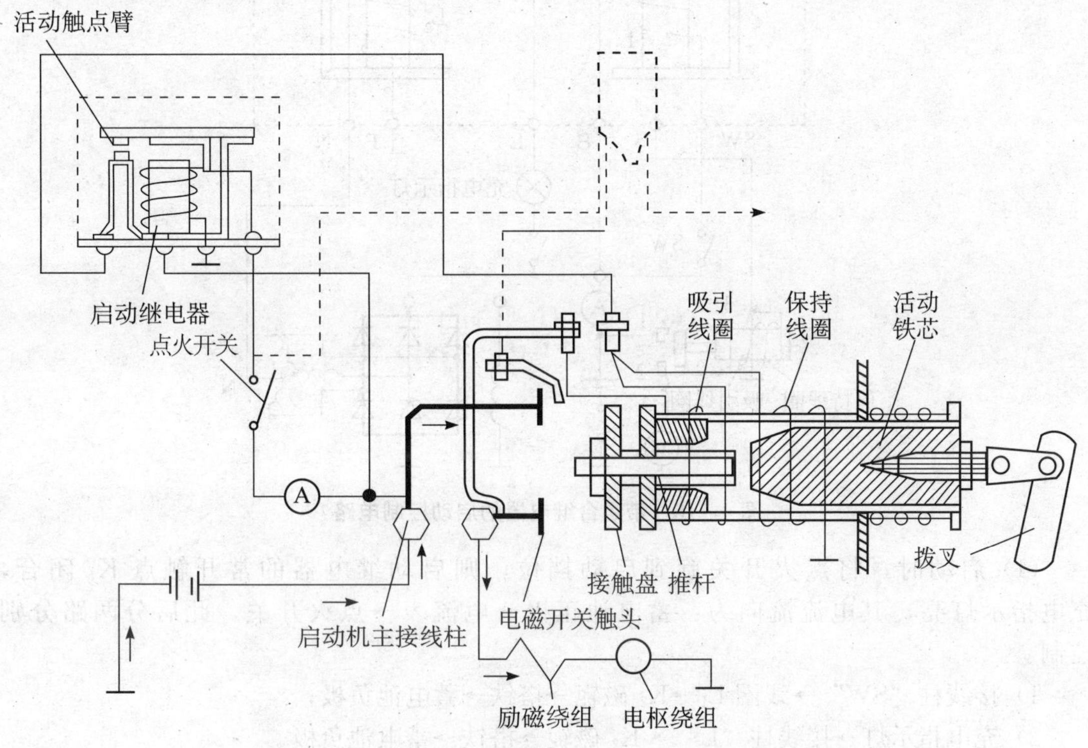

图 4—17　QD124 型启动机的启动继电器控制电路

启动发动机时，启动继电器线圈有电流通过，产生电磁吸力吸下活动触点臂，使继电器触点闭合，从而接通了电磁开关线圈的电路，于是启动机开始工作。发动机启动后，点火开关自动转回到工作位置。启动继电器线圈中电流中断，触点打开，电磁开关也随即断开，切断了启动机与蓄电池之间的电路，启动机停止工作。

三、具有安全保护功能的启动控制电路

当发动机启动后，若驾驶员未及时释放启动开关，就会造成启动机驱动齿轮与发动机飞轮齿环的撞击，从而加速齿轮的损坏。安全保护功能则能保证启动机在发动机启动后能够自动停止工作，并且能在发动机运转工况下防止启动机误接入。

现代汽车应用的启动保护电路，都是依靠汽车交流发电机的中性点电压以及相应的继电器控制来实现保护功能的。图 4—18 是典型的启动机保护电路的工作原理图。其中启动继电器和保护继电器两部分构成了复合继电器。启动继电器的触点是常开的，它的作用是控制启动机电磁开关的工作。保护继电器的触点是常闭的，它的电磁线圈一端搭铁，一端接到发电机的中性点，承受交流发电机中性点电压，其作用是保护启动机并控制充电指示灯。

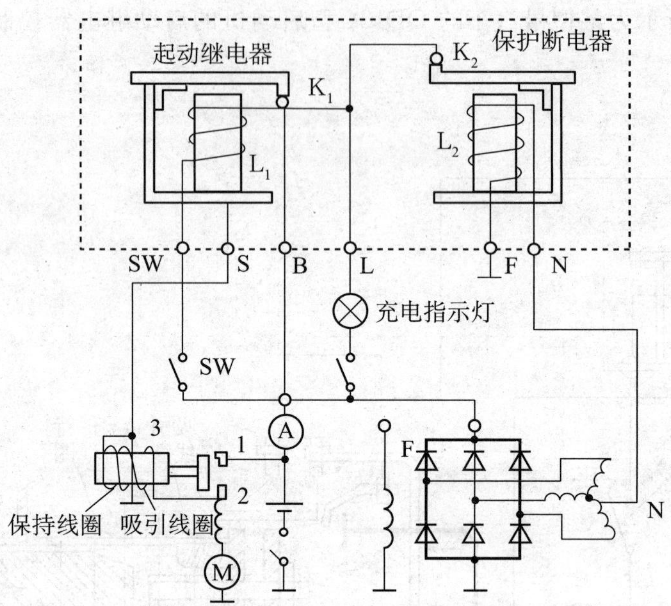

图 4—18　带组合继电器的启动控制电路

(1) 启动时，将点火开关旋到启动挡位，则启动继电器的常开触点 K_1 闭合，充电指示灯亮，其电流流向为：蓄电池正极→电流表→点火开关，此后分两路分别控制：

1) 接线柱“SW”→线圈 L_1→K_2 磁轭→搭铁→蓄电池负极；

2) 充电指示灯→接线柱“L”→ K_2 磁轭→搭铁→蓄电池负极。

于是线圈 L_1 产生电磁吸力，常开触点 K_1 闭合，将启动机电磁开关吸引线圈和保持线圈的电路接通。其电流流向为：蓄电池正极→电流表→接线柱“B”→ K_1 磁轭→接线柱“S”，此后电流分两路分别控制：

1) 保持线圈→搭铁→蓄电池负极；

2) 吸引线圈→启动机磁场绕组、电枢绕组搭铁→蓄电池负极。

在启动机吸引线圈和保持线圈电磁吸力的共同作用下，启动机主电路接通，产生电磁转矩，使启动机正常启动。

(2) 发动机启动后，交流发电机的中性点电压使保护继电器线圈 L_2 中有电流通过，产生电磁吸力，常闭触点 K_2 打开，切断了充电指示灯的电路，充电指示灯熄灭。同时将线圈 L_1 的电流切断，于是 K_1 打开，则启动机电磁开关释放，切断了蓄电池与启动机之间的电路，启动机便自动停止工作。

(3) 发动机工作时，在交流发电机中性点电压的作用下，K_2 一直处于打开状态，L_1 中无电流，则 K_1 始终处于打开状态，启动机电路不能接通。所以既使驾驶员操作失误，即点火开关旋到启动挡时，启动机也不会工作，这就避免了启动机驱动齿轮被打坏的危险，从而起到了保护启动机的作用。

第三节　汽车点火系电路分析

电子点火系的基本组成如图 4—19 所示。点火信号发生器产生电压信号，经电子点火器大功率晶体管放大、整形等处理后，控制串联在点火线圈初级回路的大功率晶体管的导通和截止。大功率晶体管导通时，点火线圈初级电路接通，点火系统储能；大功率晶体管截止时，点火线圈初级电路被断开，次级绕组便产生高压，经分电器按顺序分配到各火花塞点火，使发动机做功。

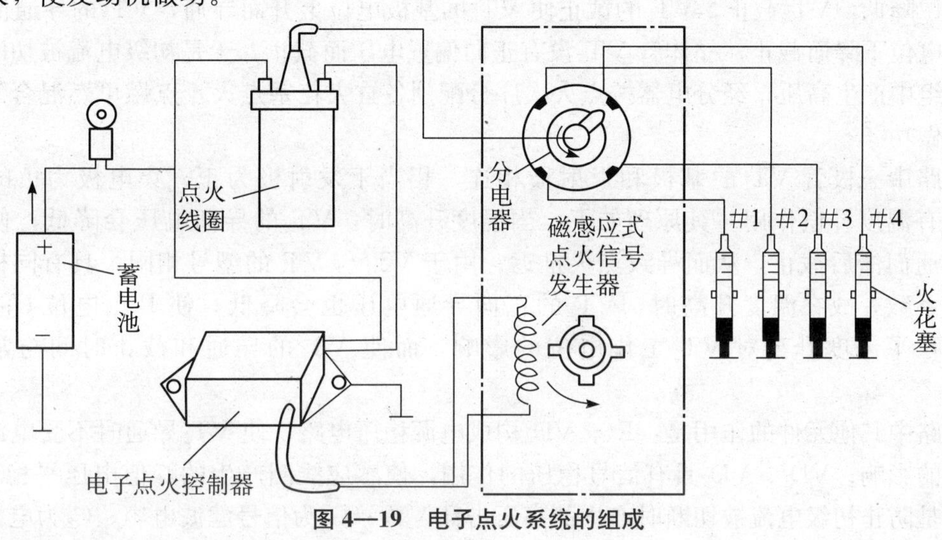

图 4—19　电子点火系统的组成

一、磁脉冲式电子点火装置的工作原理

图 4—20 是丰田汽车常用的磁脉冲式无触点电子点火装置。它由点火信号发生器、电子点火器、分电器、点火线圈等组成。

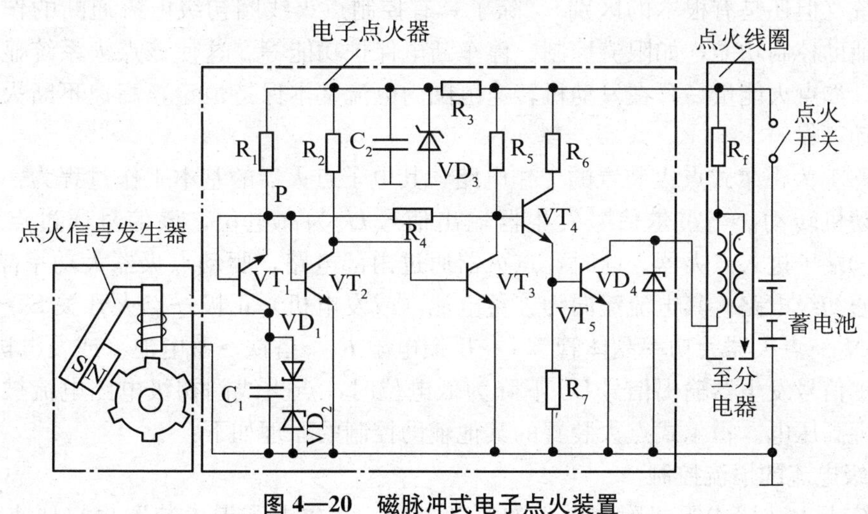

图 4—20　磁脉冲式电子点火装置

电子点火器的工作原理如图 4—20 所示。接通点火开关时，蓄电池的电压使 VT_1 导通，其直流电路为：蓄电池（或发电机）正极→点火开关→R_3→R_1→VT_1→信号发生器线圈→搭铁→蓄电池（或发电机）负极构成回路。

当点火信号发生器产生正向脉冲，信号电压与VT_1的正向电压降叠加后，高于VT_2的导通电压，VT_2导通。VT_2的导通使VT_3的基极电位下降而最终截止，VT_3的截止使VT_4的基极电位上升而导通，使VT_5因R_7的正向偏置而导通。于是初级电流回路为：蓄电池（或发电机）正极→点火开关→点火线圈附加电阻R_f→点火线圈初级绕组→VT_5→搭铁→蓄电池（或发电机）负极，点火线圈储能。

当点火信号发生器产生反向脉冲时，信号电压与VT_1的正向电压降叠加后，使VT_2的基极电位降低，VT_2截止。VT_2的截止使VT_3的基极电位上升而导通，VT_3的导通使VT_4的基极电位下降而截止，晶体管VT_5没有正向偏置电压而截止。于是初级电流被切断，在次级绕组中产生高压，经分电器按点火次序分配到各缸火花塞点火，点燃可燃混合气体使发动机做功。

电路中三极管VT_1的基极和发射极相连，相当于发射极为正、集电极为负的二极管，具有温度补偿作用。其原理如下：当温度升高时，VT_2的导通电压会降低，使VT_2提前导通而滞后截止，从而导致点火推迟；由于VT_1与VT_2的型号相同，具有同样的温度特性系数，故在温度升高时，VT_1的正向导通电压也会降低，使P点电位U_P下降，正好补偿了温度升高对VT_2工作电位的影响，而使VT_2的导通和截止时间与常温时相同。

电路中其他元件的作用是：R_3、VD_3构成电源稳压电路，使VT_2导通时不受电源系电压波动的影响；VD_1、VD_2具有信号稳压的作用，使感应线圈产生的峰值电压平稳；VD_4的作用是防止初级电流被切断时产生的高压击穿VT_5；C_1为信号滤波电容；C_2为电源滤波电容；R_4为正向反馈电阻，起加速VT_2的导通和截止的作用。

二、霍尔式电子点火装置的工作原理

霍尔式电子点火器一般由专用点火集成芯片和一些外围电路组成，比较接近微机控制的点火系统（但还是有根本的区别）。除了具有控制点火线圈初级电流通断的作用外，还具有其他辅助控制功能，如限流控制、停车断电保护功能等。这使该点火系统显示出更多的优越性，如点火能量高，在发动机转速范围内电流基本保持恒定，高速不断火，低速耗能少，启动可靠等。

图4—21为霍尔式点火装置的工作电路，其电子点火器的基本工作过程为：接通点火开关，发动机转动，当霍尔信号发生器输出信号U_g为高电位，该信号通过点火器插座⑥端子和③端子进入点火器。此时，点火器通过内部电路，驱动点火器大功率晶体管VT导通，接通初级电路。其电流流向为：蓄电池（或发电机）正极→点火开关S→点火线圈初级绕组N_1→点火器大功率晶体管VT→反馈电阻R_s→搭铁→蓄电池（或发电机）负极。

当霍尔信号发生器输出信号U_g下降为低电位时，点火线圈初级电路电流被切断，次级绕组产生高压电。霍尔式点火装置的其他辅助控制的原理如下：

1. 初级电流的恒流控制

与传统点火装置中需要附加电阻的原理相同，霍尔电子点火装置也需要进行恒流控制。这是因为电子点火装置中控制初级电路中断电器的触点开合非常迅速，故触点闭合时（特别是高转速时）能实现稳定的高能点火。点火线圈初级绕组的电阻、电感都比较小，初级电流值比较大。在不加控制的接通状态下，一般初级电流可达20A～30A。在

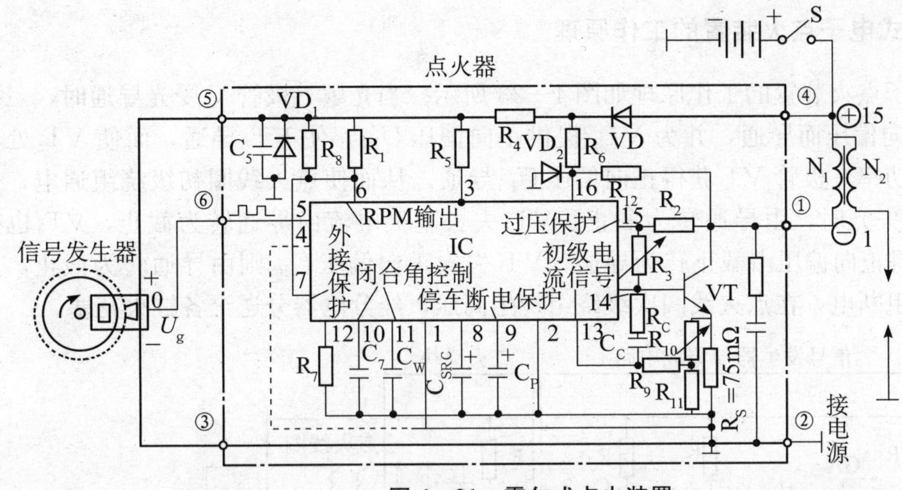

图 4—21　霍尔式点火装置

低转速时，长时间通过大电流，不仅浪费电能，还会降低点火线圈和点火器的使用寿命。因此，在电子点火装置中也应用了限流控制装置，如图 4—22 所示。

恒流控制的工作过程是：大功率晶体管饱和导通时，初级电流会逐渐增大，当初级电流上升到限流值时，取样电阻 R_s 上的电压值也达到规定值。该电压信号送入集成电路中放大器 F 的正端，且该电压信号高于放大器负端设置的基准参考电压 U_{REF}，放大器 F 输出端电位升高，使三极管 VT_1 导通。此时，大功率晶体管 VT 基极电位下降而向截止区偏移，流过 VT 管的初级电流减小。

当初级电流略低于限流值时，则 R_s 上的电压值低于基准参考电压 U_{REF}，放大器 F 输出端电位下降，VT_1 趋于截止。VT 基极电位升高，使 VT 向饱和导通区偏移，初级电流再次增大。如此循环反复以极高的频率进行控制，使初级电流稳定在某一固定值上（一般为 7A）。

2. 闭合角控制

闭合角是指传统点火系中断电器的触点闭合时相对曲轴的转角。断电器的触点闭合，初级电路被接通，初级电流逐渐增长。在传统点火系中，闭合角的概念也可以理解为初级电路通电时间长短，故闭合角的控制也就是初级电路通电时间长短的控制（这是因为在触点刚闭合的瞬间，初级电流为零，经过一段时间后，初级电流才能达到某一恒定值）。在电子点火装置中因没有断电器触点，也就没有触点闭合或断开之说，其初级电流的通断是利用大功率晶体管的开关作用来实现的。闭合角控制是人们的一种习惯说法，而对电子点火装置而言是指对初级电流通电时间与时刻的控制。

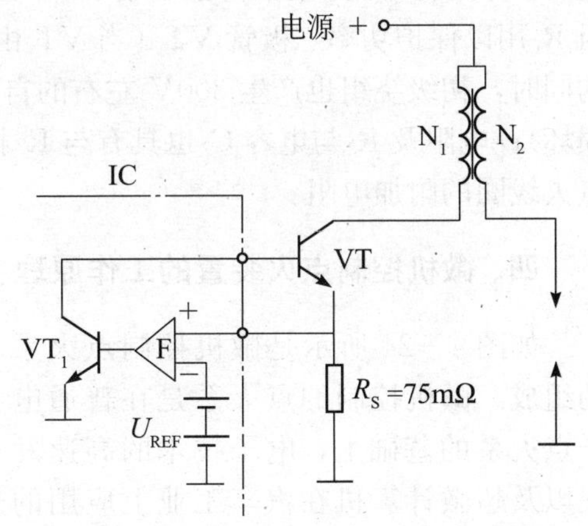

图 4—22　电子点火装置中的恒流控制

三、光电式电子点火装置的工作原理

光电式电子点火装置的工作原理如图 4—23 所示。当光敏三极管 V 受光导通时，三极管 VT_1 获得正向偏压而导通，并为 VT_2 提供正向偏压 U_{R4}，使 VT_2 导通，而使 VT_3 处于截止状态，大功率三极管 VT 获得正向偏压 U_{R6} 导通，从而使点火线圈初级绕组通电；当光敏三极管 V 失光时，由导通转为截止，VT_1 失去基极电流由导通转为截止，VT_2 也截止，VT_3 因获得正向偏压由截止转为导通，VT 失去正向偏压 U_{R6} 则由导通转为截止，点火线圈初级绕组断电，在点火线圈次级绕组产生高压，经分电器分送至各缸火花塞。

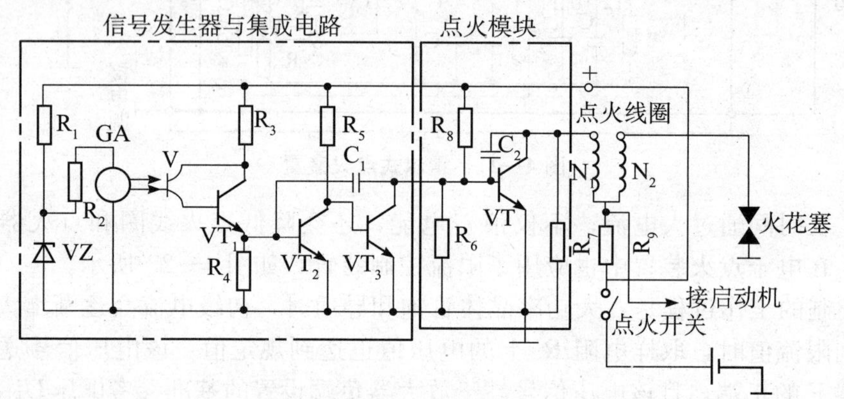

图 4—23　光电式电子点火装置

其他元件的作用为：稳压二极管 VZ 用以保证发光二极管 GA 获得稳定的工作电压；电容 C_1 构成正反馈电路，用以提高功率管 VT 的开关速度，减少功率损耗，防止发热；电阻 R_7 用以保护功率三极管 VT（当 VT 由导通转为截止时，在次级绕组 N_2 产生次级电压的同时，初级绕组也产生 300V 左右的自感电动势，R_7 可为其提供回路，防止 VT 被击穿损坏）；电阻及 R_8 与电容 C_2 也具有与 R_7 相同的作用，同时 C_2 还具有滤波功能；电阻 R_9 为点火线圈的附加电阻。

四、微机控制点火装置的工作原理

如图 4—24 所示是微机控制点火系的组成。微机控制的点火系是在普通电子点火系的基础上，电子技术的高速发展以及超微计算机在汽车工业上应用的必然结果。采用微机控制点火系统，可使发动机实际点火提前角接近理想点火提前角。在各种运转条件下，点火提前角都可获得复杂而精确的控制：怠速时，最佳点火提前角使发动机运转更平稳、排放尾气最少、油耗最小；部分负荷时，可降低油耗并提高行驶特性；大负荷时，能满足发动机最大转矩输出和避免工作中产生爆震等要求。

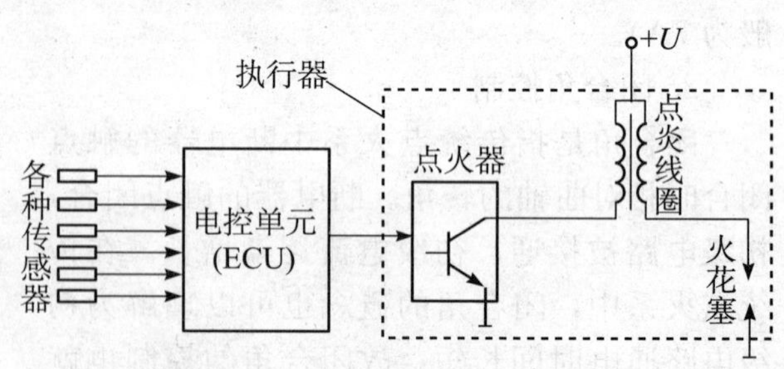

图 4—24　微机控制点火系的组成

微机控制点火系的开环控制是指微机检测发动机各种工作状态信息，并根据这些信息从内部存储器中调出相应的点火提前角（这一点火提前角是综合考虑到经济、动力、尾气排放等因素，并经过大量的试验优化所得的结果），然后输出控制信号对点火时刻进行控制。这种控制方式对控制结果不予以反馈。微机控制点火系的闭环控制是指微机以一定的点火提前角控制发动机工作的同时，还不断地检测发动机的工作状态，然后将检测到的实时信息反馈给控制单元（ECU），由控制单元（ECU）根据需要对点火提前角进行修正，然后输出控制信号对点火时刻进行控制，如图 4—25 所示。闭环控制的反馈信号可以有多种形式，如爆震信号、转速信号、汽缸压力信号等。目前广泛采用的是通过检测爆震传感器反馈的爆震信号，来判断点火时刻的早晚，进而实现点火提前角的最佳控制。

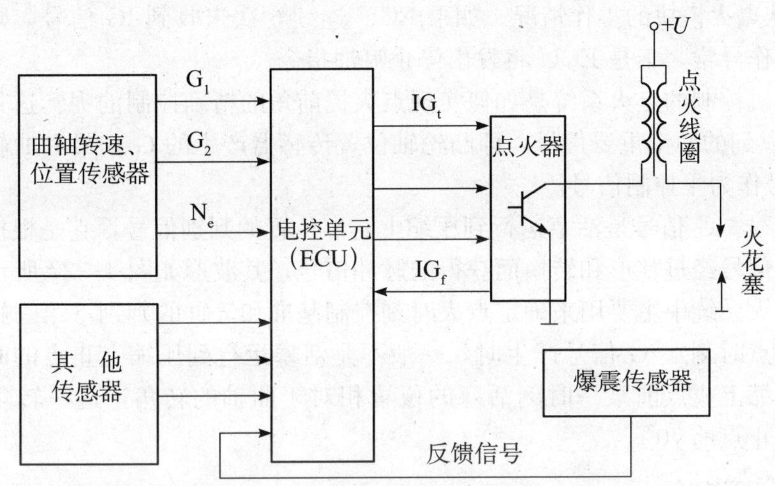

图 4—25　闭环控制的微机控制点火系

（一）有分电器微机控制的点火系统

如图 4—26 所示为丰田 1S－E 发动机用微机控制的点火系统电路图。该系统将点火线圈、点火模块、传感器等部件设计在整体式分电器内，减少了外部线路的连接，从而降低了故障率。

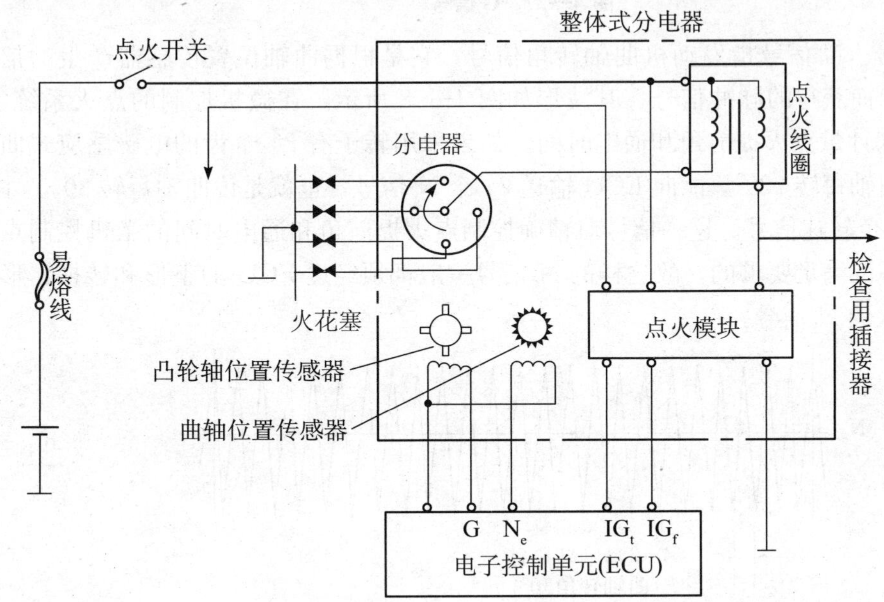

图 4—26　丰田 1S-E 发动机用微机控制的点火系统

有分电器微机控制点火系统的工作过程为：发动机工作时，ECU 根据接收到的各传感器信号，通过运算确定该工况下最佳点火提前角和点火线圈初级电路闭合角（通电时间），并以此向点火模块发出指令（IG_t）。点火器则根据 ECU 的指令，控制点火线圈初级电路的导通和截止。当电路导通时，有电流从点火线圈的初级电路通过，点火线圈将点火能量以磁场的形式储存起来。当初级电路中的电流被切断时，在其次级线圈中将产生很高的感应电动势（15kV～20kV），经分电器分配到工作气缸的火花塞。

点火模块在接受 ECU 指令工作的同时，还将反馈一个 IG_f信号给 ECU，ECU 根据 IG_f信号来确认点火模块的工作情况。如果 ECU 连续 6 次未收到 IG_f信号，则认为点火模块不工作或工作异常，于是 ECU 将发出停止喷油指令。

那么，微机控制的点火系统是如何实现点火提前角的精确控制的呢？这是因为控制单元 ECU 以接收到的两个重要信号，即凸轮轴位置传感器产生的 G 信号和曲轴位置传感器产生的 N_e信号作为主控制信号。

（1）G 信号。G 信号是活塞运行到压缩上止点位置的判别信号，它是根据凸轮轴位置传感器产生的信号经过整形和转换而获得的脉冲信号，其波形如图 4—27 所示。G 信号在微机控制的点火系统中主要用来确定点火时刻控制基准和气缸的判别（第一缸或第一缸对应的压缩上止点时刻）。G 信号产生时，一般不是活塞运行到压缩上止点的时刻，而是在各缸活塞的压缩上止点前某一时刻活塞的位置相对于曲轴的转角，这一转角值因车型而异，一般为上止点前 70°。

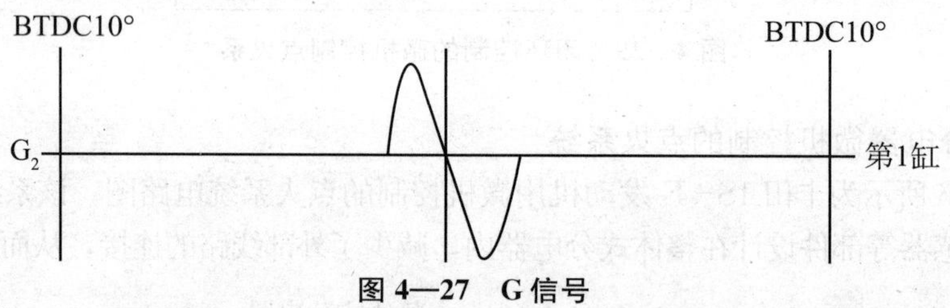

图 4—27 G 信号

（2）N_e信号。N_e信号指发动机曲轴转角信号，它是根据曲轴位置传感器产生的信号经过整形和转换而获得的脉冲信号，其波形如图 4—28 所示。在微机控制的点火系统中，N_e信号主要用来计量点火提前角和通电时间。如果采用转子有 24 个齿的电磁感应式曲轴位置传感器，曲轴每转 720°只能向 ECU 输送 24°个 N_e信号，也就是说曲轴每转 30°，才能给 ECU 输送 1 个转速信号。这一信号对精确控制点火提前角和通电时间的微机控制点火系统而言，是不能满足要求的。故这样的 N_e信号一般都须经过 ECU 的整形和转换，形成每转 1°输出一次的 N_e信号。

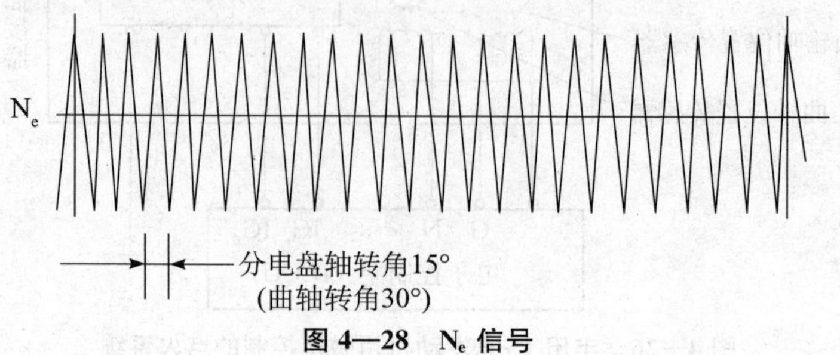

图 4—28 N_e 信号

发动机工作时，ECU 通过 N_e信号可准确地计算出曲轴每转 1°所用时间，从而联合 G 信号计算出各缸在工作循环中所处的时刻（精确到 1°），实现对最佳点火提前角的精确控制。

（二）无分电器的微机控制的点火系统

无分电器的微机控制点火系统又称直接点火系或全电子化点火系统。其主要特点是：用电子控制装置取代了分电器，利用电子分电控制技术将点火线圈产生的高压电直接送给火花塞进行点火，点火线圈的数量比有分电器电控点火系统多。根据点火线圈的数量和高压电分配方式的不同，无分电器的微机控制点火系统又可分为独立点火方式、分组点火方式和二极管配电点火方式三种类型。

1. 独立点火的微机控制点火系统

独立点火的微机控制点火系统如图 4—29 所示。其特点是各缸均有一个点火线圈，即点火线圈的数量与气缸数相等。由于每缸都有各自独立的点火线圈，所以即使发动机的转速很高，点火线圈也有较长的通电时间（闭合角大），可提供足够高的点火能量。与有分电器电控点火系统相比，在发动机转速和点火能量相同的情况下，单位时间内通过点火线圈初级电路的电流要小得多，点火线圈不易发热，且点火线圈的体积非常小巧，可直接将点火线圈压装在火花塞上。

独立点火的微机控制点火系统工作时，电控单元 ECU 根据各种传感器的信号综合计算，最后确定各缸点火提前角的精确时刻，向点火模块发出指令 IG_{t1}、IG_{t2}、… IG_{t6}、由点火模块产生次级高压直接传给火花塞，并控制各缸点火线圈初级电路的搭铁。与此同时，点火模块向电控单元 ECU 反馈 IG_f信号。

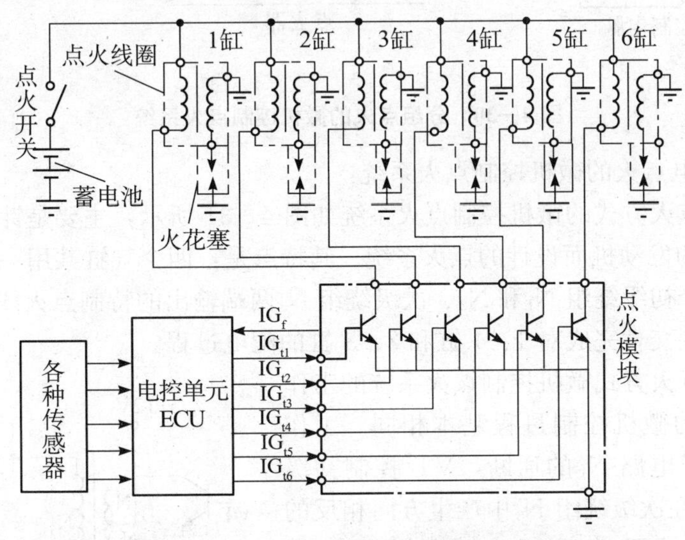

图 4—29　独立点火的微机控制点火系统

2. 分组点火的微机控制点火系统

分组点火的微机控制点火系统如图 4—30 所示。在设计上将两个活塞同时到达上止点位置的气缸（一个为压缩行程的上止点，另一个为排气行程的上止点）分为一组，共用一个点火线圈。故系统中点火线圈的总数量等于气缸数的一半。以六缸发动机为例，

1、6缸，2、5缸及3、4缸的活塞同时到达上止点，习惯上我们将这两个同时达到上止点位置的气缸称为“对应缸”。设计时将六个缸按“对应缸”关系分为三组，每一组共用一个点火线圈，同一组中两个缸的火花塞与共用的点火线圈次级线圈串联。当点火线圈初级电路断电时，一个气缸接近压缩行程的上止点，火花塞跳火可点燃该缸的混合气体，称为有效点火；而另一气缸接近排气行程的上止点，火花塞跳火不起作用，称为无效点火。

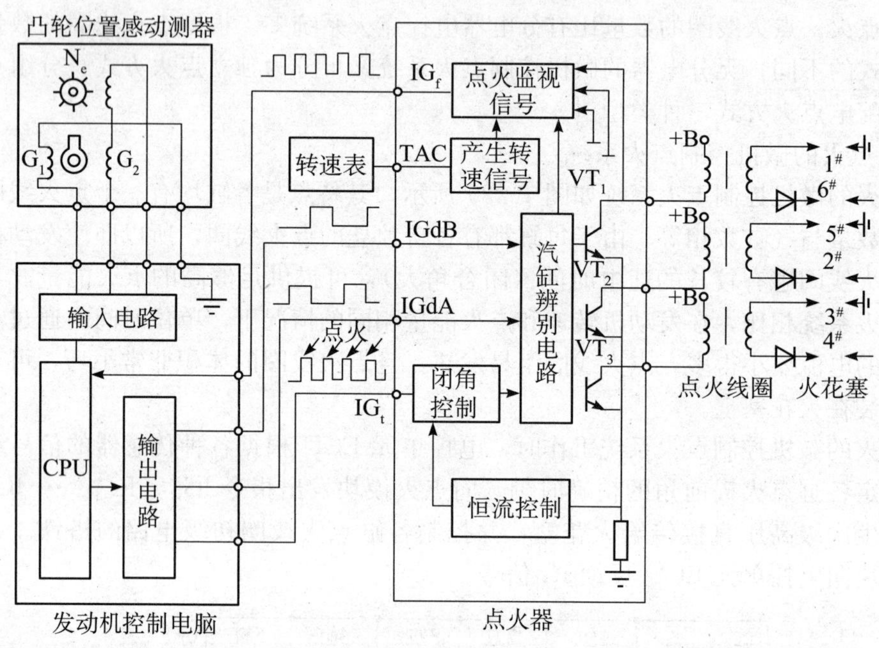

图 4—30　分组点火的微机控制点火系统

3. 二极管配电点火的微机控制点火系统

二极管配电点火方式的微机控制点火系统如图4—31所示，主要是针对4缸或气缸数量为4的整数倍的发动机而设计的点火系统。其特点是：四个气缸共用一个点火线圈，点火线圈为内装两个初级绕组 N_1 和 N_2、次级绕组 N_3 两端输出的特制点火线圈，利用四个二极管的单向导电性交替完成对1、4缸和2、3缸的配电过程。

二极管配电点火方式微机控制点火系统的工作过程与分组点火的微机控制过程基本相同。工作时，VT_1 控制初级电路 N_1 的通断，VT_2 控制初级电路 N_2 的通断，在次级绕组 N_3 中产生方向相反的次级高压。分别构成了“N_3→VD_1→火花塞1→火花塞4→VD_4→N_3”和“N_3→VD_3→火花塞3→火花塞2→VD_2→N_3”两条回路，从而实现1、4缸和2、3缸的交替点火控制。二极管配电点火方式的微机控制点火系统对点火线圈要求较高，且受发动机气缸数的限制，故应用不是十分广泛。

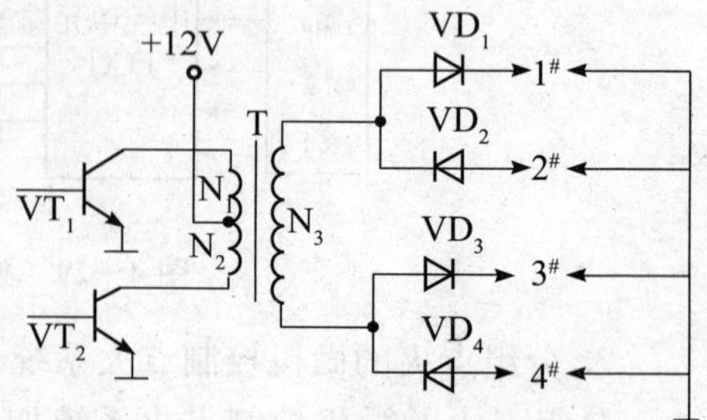

图 4—31　二极管配电点火方式

第四节　汽车灯光信号与仪表系统电路分析

汽车照明系统由电源、照明灯具、控制装置等组成。其作用主要是夜间道路照明、车厢内部照明、车辆宽度标示、仪表与夜间检修等。车外照明灯有：前照灯、雾灯、牌照灯等；车内照明灯有：顶灯、仪表灯、阅读灯等；工作灯有：发动机罩灯、行李箱灯、外接工作灯插座等。

一、前照灯电路分析

（一）带有前照灯继电器的照明电路

随着汽车前照灯亮度的增强，其远光灯丝功率增大，为了保护车灯照明开关，避免触点烧蚀，大多数汽车均采用灯光继电器来控制，如图 4—32 所示。由电路图可知，只有前照灯的供电电流经过前照灯继电器的触点。

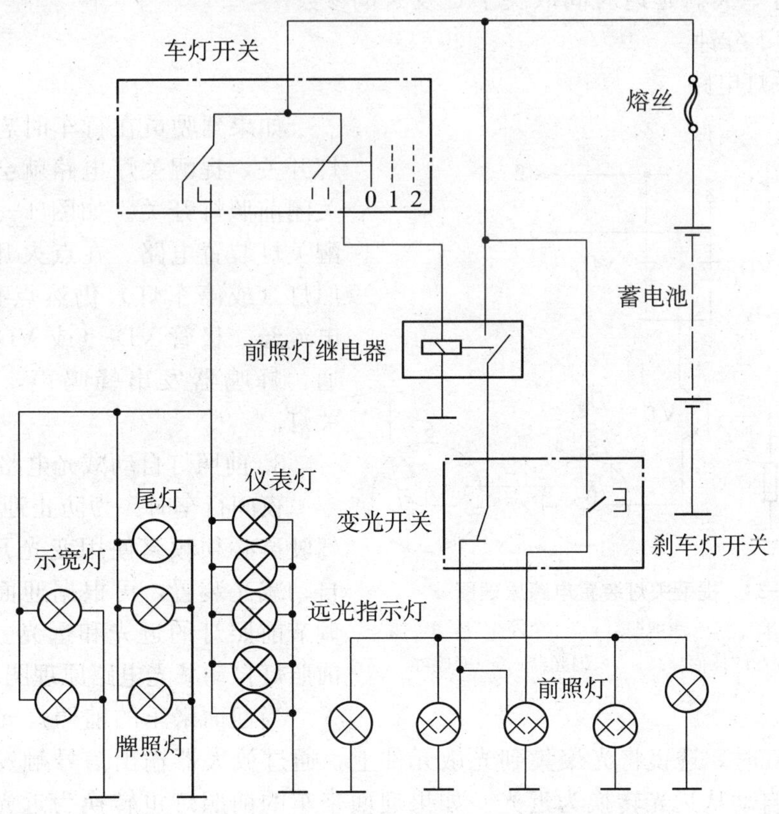

图 4—32　采用前照灯继电器的照明电路

（二）前照灯的控制电路

1. 前照灯关闭延时控制电路

如图 4—33 所示为其工作原理图，驾驶员将车停放在无照明的车库时，只要按下仪表板上的按钮开关，就能使前照灯延长一定时间关断。图中 3 为机油压力开关，当发动机不运转时，它的触点闭合搭铁，而当发动机运转时，靠机油压力使触点断开。VT为高增益的复合晶体管（达林顿电路），用来接通继电器线圈。VT的发射极通过机油压力开关搭铁，所以只有当发动机停止或机油压力不足时才接通。R、C组成延时电路，当切断点火和前照灯电路后，按下按钮1时，电容器C开始充电。当电容器充电电压达到VT的导通电压时，VT导通，电流流经继电器（2）线圈，触点闭合，接通前照灯的远光或近光。松开按钮1，则电容器通过R向VT放电，维持其导通状态，前照灯一直亮。在电容C放电电压下降到不能维持VT的导通所必须的基极电流时，VT截止，前照灯熄灭。延迟时间取决于C及R的参数，一般可延迟约1分钟。

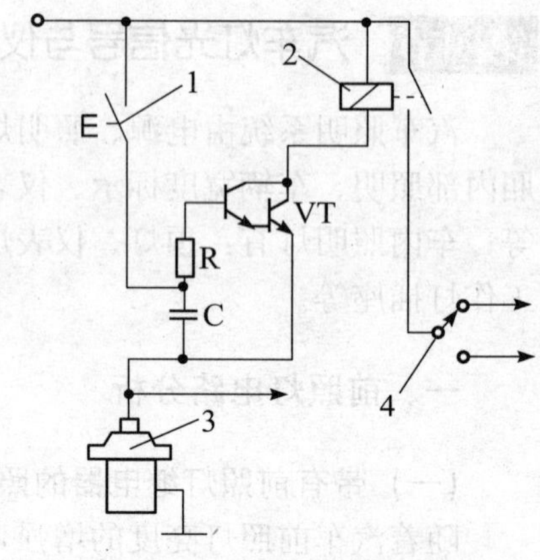

图4—33　延迟关闭前照灯电路图

1—按钮开关；2—继电器；3—发动机机油压力开关；4—变光开关

2. 提醒关灯电路

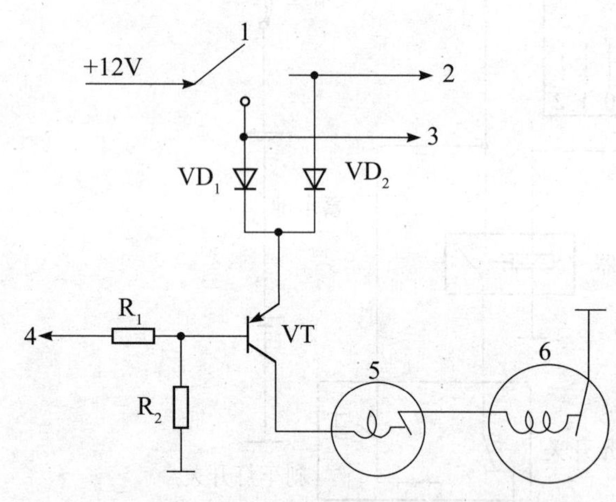

图4—34　提醒关灯装置电路原理图

1—原有的灯开关；2—至前照灯；3—至停车灯；4—接点火开关控制的任何导线；5—闪光器；6—蜂鸣器

如果驾驶员在行车时忘记关闭前照灯开关，提醒关灯电路就会提示驾驶员关闭前照灯开关。如图4—34所示为提醒关灯装置电路。在点火开关断开而前照灯（或停车灯）仍然点亮的情况下，电流经二极管VD_1（或VD_2）使VT导通，蜂鸣器发出蜂鸣声，提醒驾驶员关灯。

3. 前照灯自动减光电路

夜间行车时，为防止迎面来车眩目，驾驶员必须频繁使用变光开关。前照灯自动减光装置，可根据迎面来车的灯光调节前照灯的近光和远光。图4—35为前照灯自动减光电路原理图。

当迎面来车的前照灯光线射到传感器-放大器组件时，透镜将光聚集到光敏元件上，通过放大器输出信号触发功率继电器3，将前照灯自动从远光转换为近光。如果迎面来车的前照灯也转换为近光，光敏元件接收的光线减少，但系统仍然能保证前照灯近光照明。当迎面来车通过后，其前照灯不再照射到传感器上，于是放大器不再向功率继电器输送信号，继电器触点又恢复到远光照明。

图4—35为传感器-放大器组件工作原理电路。传感器2采用光敏电阻，其电阻值反比于光的强度。光敏电阻和R_1、R_2、R_3、R_7以及VT_6一起，组成VT_1的偏压电路。在黑暗中，光敏电阻具有高阻值，一旦被照射，其电阻值便迅速下降。现假设远光接通，VT_6导通，VT_1基极上的偏压使光敏电阻减少的电阻值刚好产生光束转换，即从远光转

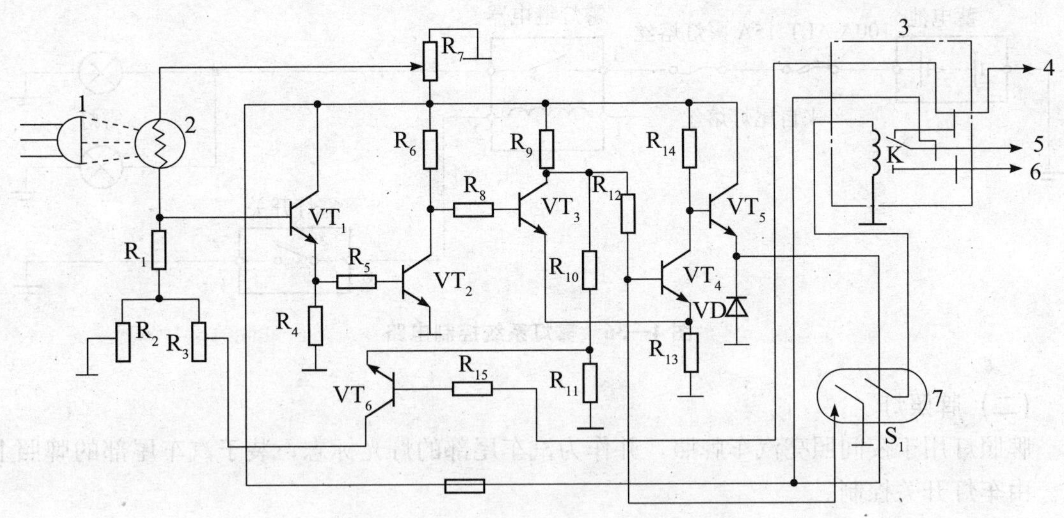

图 4—35　前照灯自动减光电路原理图

1—透镜；2—传感器；3—功率继电器；4—远光；

5—12V 电源；6—近光；7—脚踏变光开关

换到近光。反之，当光束转换到近光时，VT_6 截止，这时偏压电路中只有 R_7、光敏电阻、R_1 和 R_2，因而灵敏度增加。

VT_1 的射极输出由 VT_2 放大并反相，VT_2 的输出加在施密特触发器 VT_3 和 VT_4 上。VT_4 的集电极控制继电器激励级 VT_5。当 VT_2 的集电极电压超过施密特触发器的阈值时，VT_3 导通，VT_4 截止，VT_5 加偏压截止，继电器的触点 K 接通远光灯。当光敏电阻受到迎面来车的光线照射时，其电阻值下降，放大器 VT 和 VT_2 的输出低于施密特触发器的阈值，VT 截止，VT_4 导通，继电器线圈有电流通过，从而接通灯丝。在迎面来车通过以前，线路一直保持这一状态，迎面来车通过以后，继电器的 K 触点又接通远光灯丝。脚踏变光开关 S_1 踏下时，继电器断电，VT_4 基极搭铁，前照灯使用远光灯丝。

二、其他照明灯电路分析

（一）雾灯

雾灯采用波长较长的黄色、橙色或红色光，它们穿透能力强，用来在雨雾天气行车时道路的照明和发出警示。雾灯分前雾灯和后雾灯两种。前灯装于汽车前部比前照灯稍低的位置，左右各一个。后雾灯装于汽车尾部，有些车辆只有一个后雾灯，如桑塔纳轿车（雾灯位于车身左后方，规格为 12V/21W）。常用的雾灯系统如图 4—36 所示。

当按下雾灯开关时，雾灯继电器磁化线圈有电流通过，其常开触点闭合；蓄电池电流经雾灯继电器常开触点至雾灯接地，雾灯点亮。雾灯一般由车灯开关和雾灯开关共同控制。

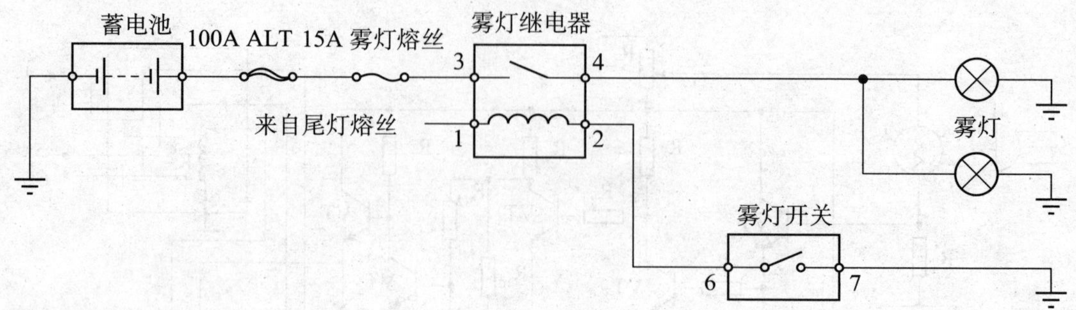

图 4—36 雾灯系统控制电路

（二）牌照灯

牌照灯用于夜间照亮汽车牌照，并作为汽车尾部的灯光标志，装于汽车尾部的牌照上方。由车灯开关控制。

（三）顶灯

顶灯用于车内照明。有些车型此灯兼作门灯警告灯，当车门关闭不严时灯亮，提醒驾驶员注意，装于驾驶室或车厢顶部。由顶灯开关和门控开关控制。

（四）仪表灯

仪表灯用于仪表照明，装于汽车仪表板上，由车灯开关控制。

（五）行李箱灯

行李箱灯用于在夜间打开行李箱时照明，由车灯开关和行李箱门控开关控制。

（六）汽车内部照明灯

现代汽车内部的内部照明灯多采用低压直流日光灯，这种灯具有发光率高、光色均匀、省电等特点。低压直流日光灯由日光灯管和电源变换器组成。由于汽车电源多为 12V 直流电源，所以必须通过电源变换器，把低压直流电变换为适合日光灯工作的高压交流电，低压直流日光灯电路如图 4—37 所示。

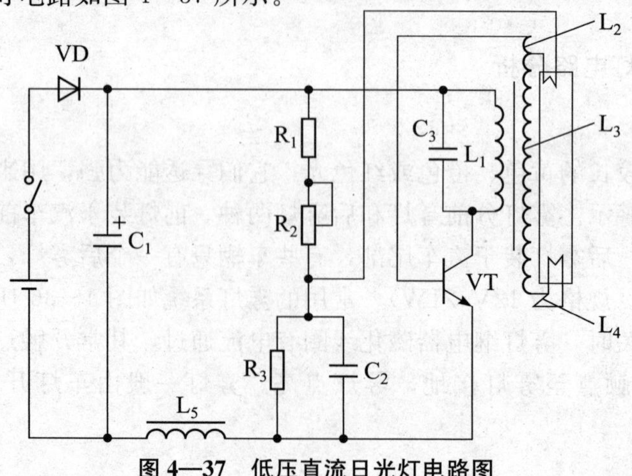

图 4—37 低压直流日光灯电路图

注：图中 $R_1=2k\Omega$，$R_2=3k\Omega$，$R_3=3k\Omega$，$C_1=100\mu F$，$C_2=0.15\mu F$，$C_3=2\ 200pF$，L_1—71 匝，L_2—13 匝，L_3—185 匝，L_4—10 匝，L_5—磁环，VT−3DD13A，VD—1N4148

变压器采用铁氧体磁铁，其上绕有 4 个线圈，L_1 为三极管 VT 的集电极负载；L_2 为正反馈线圈，并作为日光灯管一端灯丝的预热线圈，L_4 为日光灯管另一端灯丝的预热线圈，L_3 是使日光灯具有正常电压的线圈。

当接通电源时，蓄电池通过二极管 VD、电阻 R_1、电位器 R_2 向电容器 C_2 充电。当 C_2 的端电压上升到使三极管 VT 获得足够的偏压时，VT 导通，L_1 初级线圈中的电流通过变压器在三个次级绕组中产生感应电动势。其中 L_2 产生的感应电动势正向加在 VT 的基极上，使基极电位迅速提高，因此 VT 很快饱和导通。在 VT 饱和导通的过程中，线圈 L_2 的感应电动势通过 VT 的发射极给 C_2 反向充电。当 C_2 反向充电到一定电压时，VT 趋向截止，I_C 减小，即 L_1 中电流减小，随即在次级绕组中感应出相反方向的电动势，L_2 中的感应电动势使 VT 的基极迅速变负，VT 立即截止。这一过程非常短暂，VT 的截止状态是暂时的。这是因为当 L_2 中的反向电动势下降到零时，C_2 向 R_2 放电之后，直流电又通过 R_1、R_2 向 C_2 充电，如此反复，于是在初级线圈中产生约 20～40kHz 的振荡电流，在次级绕组 L_3 中感应出相同频率近似方波的高压交流电势，使日光灯起辉。二极管 VD 保护 VT 在电源反接时不被烧坏；R_1、R_2 是 VT 的偏量电阻，用以调节偏流的大小，控制输出功率和灯管亮度；R_3 是 C_2 的放电回路；C_3 消耗 L_1 中的自感电势，以保护 VT 不被击穿；C_1、L_5 组成的 T 型滤波器，能保持电源变换器工作电压的稳定，还能消除由单个蓄电池带动数个电源变换器同时工作所引起的差频现象。

三、汽车信号装置

汽车信号装置包括灯光信号装置和声音信号装置两部分。主要作用是通过声、光信号向环境（如人、车辆）发出警告、示意信号，以引起有关人员注意，确保车辆行驶的安全。灯光信号有：转向信号灯，装于汽车前后或侧面，用于在汽车转弯时发出明暗交替的闪光信号；危险报警灯，当车辆出现故障停在路面上时，按下危险警报开关，全部转向灯同时闪亮，危险报警灯与转向信号灯共用；示宽灯（前小灯），装于汽车前后两侧边缘，白色，用于汽车夜间行驶或停车时的宽度标示；尾灯，装于汽车尾部，左右各一只，红色，用于在夜间行驶时向后面的车辆或行人提供位置信息；制动灯，装于汽车尾部，用于当汽车制动或减速停车时，向车后发出灯光信号，以警示随后车辆及行人；倒车灯，装于汽车尾部，左右各一只，白色，用于照亮车后路面，并警告后方的车辆和行人，该车正在倒车。声音信号有：倒车蜂鸣器、电喇叭等。

（一）汽车转向信号灯及闪光继电器

转向信号装置由转向信号灯、闪光继电器和转向开关等组成。

1. 汽车转向信号灯

汽车转向信号灯用以显示车辆行驶方向。前转向灯为橙色，后转向灯为橙色或红色。转向信号灯的闪光频率在国标中规定为（60～120）次/分，日本为（85±10）次/分，而且亮暗时间比（通电率）在 3∶2 为佳。转向信号灯由转向开关控制，其闪光频率由闪光继电器控制。

2. 闪光继电器

常见闪光继电器有电热式、电容式、电子式三种，其中电热式分为直热翼片式和旁热翼片式。电子式分晶体管式和集成电路式两种。电热式闪光继电器结构简单，成本低，但闪光频率不够稳定，使用寿命短，已被淘汰；电容式闪光继电器闪光频率稳定；电子式闪光继电器具有性能稳定、可靠性高等优点，故被广泛使用。

（1）电容式闪光继电器。电容式闪光继电器结构原理图如图 4—38 所示。汽车转向时，接通转向开关，电流经蓄电池正极→电源开关→接线柱 B→串联线圈→常闭触点→接线柱 L→转向开关→转向灯及转向指示灯→搭铁→蓄电池负极，构成回路。

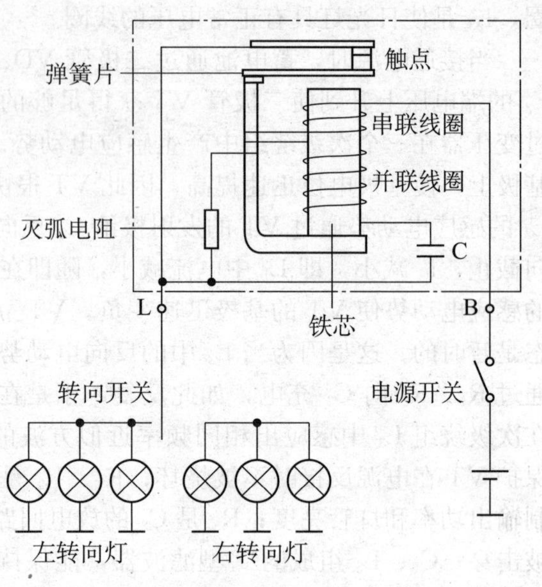

图 4—38　电容式闪光继电器结构原理图

流经串联线圈的电流产生的吸力大于弹簧片的作用力，将触点迅速打开，由于有电流流过转向灯灯丝的时间很短，故灯泡处于暗的状态（未来得及亮）。触点打开后，蓄电池开始向电容器 C 充电，回路为：蓄电池正极→电源开关→接线柱 B→串联线圈→并联线圈→电容 C→转向开关→转向灯及转向指示灯（左或右）→搭铁→蓄电池负极。由于线圈电阻较大，充电电流较小，仍不足以使转向灯亮。此时，两线圈产生的电磁吸力方向相同，使触点维持打开。随着电容器 C 两端电压升高，充电电流逐渐减小，电磁吸力也减小，在弹簧片作用下，触点闭合。电源通过串联线圈、触点、转向开关向转向灯供电，电容器经并联线圈、触点放电。由于此时两线圈磁力方向相反，合成的磁力不足以使触点打开，故此时转向灯亮。随着 C 两端电压下降，流经并联线圈的电流减小，产生的磁力减弱，串联线圈产生的电磁吸力又将触点打开，转向灯变暗。如此反复，使转向灯以一定的频率闪烁。

（2）电子式闪光继电器。无触点电子闪光继电器如图 4—39 所示。

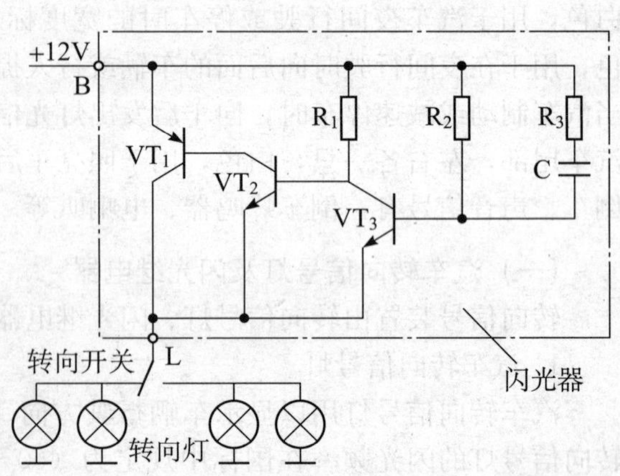

图 4—39　无触点电子闪光继电器结构原理图

当转向开关接通，电流流向为：＋12V 电源→B 接线柱→R_2→VT_3 发射极→L 接线柱→转向开关→转向灯→搭铁→电源负极。此时 VT_3 饱和导通，VT_2、VT_1 截止。由于 VT_3 的发射极电流很小，此时转向灯较暗。同时，电源通过 R_3 对 C 充电（上正下负），使得 VT_3 的基极电位下降，达一定值时，VT_3 截止。VT_3 截止后，VT_2 通过 R_1 得到正向电流而饱和导通，VT_1 也随之饱和导通，电流流向为：＋12V 电源→VT_1→L 接线柱→转向开关→转向灯→搭铁→电源负极，同时，C 经 R_3、R_2 放电，转向灯中有较大电流通过而变亮。一段时间后，随着 C 放电电流减小，VT_3 基极电位逐渐升高，当高于其正向导通电压时，VT_3 再次导通，VT_2、VT_1 截止，转向信号灯由亮变暗。如此循环，实现转向灯闪烁。闪光频率由电容 C 的充放电时间决定。

（二）倒车信号装置

倒车警报器电路如图 4—40 所示。

当变速杆拨至倒车挡时，电流流向为：+12V→熔丝→倒车报警开关→常闭继电器触点→蜂鸣器→电源负极，蜂鸣器发出声响。同时，电流还通过线圈 L_2 对电容器进行充电，由于流入线圈 L_1 和 L_2 的电流大小相等，方向相反，电磁吸力互相抵消，故继电器触点继续闭合。随着电容器两端电压的逐渐上升，L_2 产生的电磁吸力减小，而线圈 L_1 产生的电磁吸力不变，当吸力差大于触点的弹簧拉力时，触点被吸开，警报器停止发出声响。在继电器触点打开时，电容器又通过线圈 L_2 和 L_1 放电，使线圈产生磁力，触点保持打开。当电容两端电压下降到一定值时，触点重新闭合，报警器通电发出声响，电容器开始充电。如此反复，继电器触点不断开合，倒车警报器发出断续的声响。

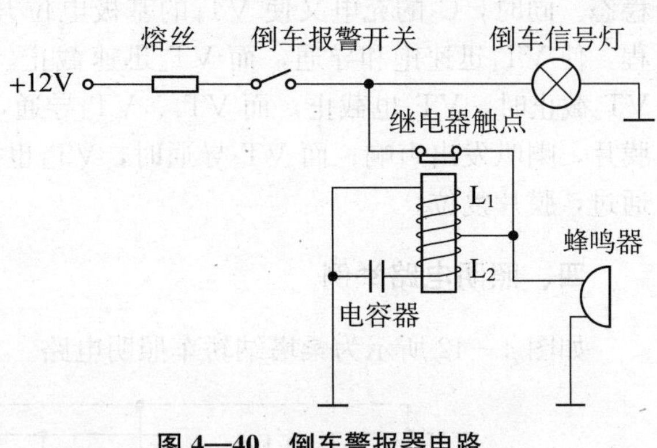

图 4—40　倒车警报器电路

（三）喇叭电路

由于普通电喇叭存在触点易烧蚀、氧化，故障率较高等缺点，现阶段生产的轿车中已开始用无触点的电子喇叭替代普通电喇叭。电子喇叭电路如图 4—41 所示。

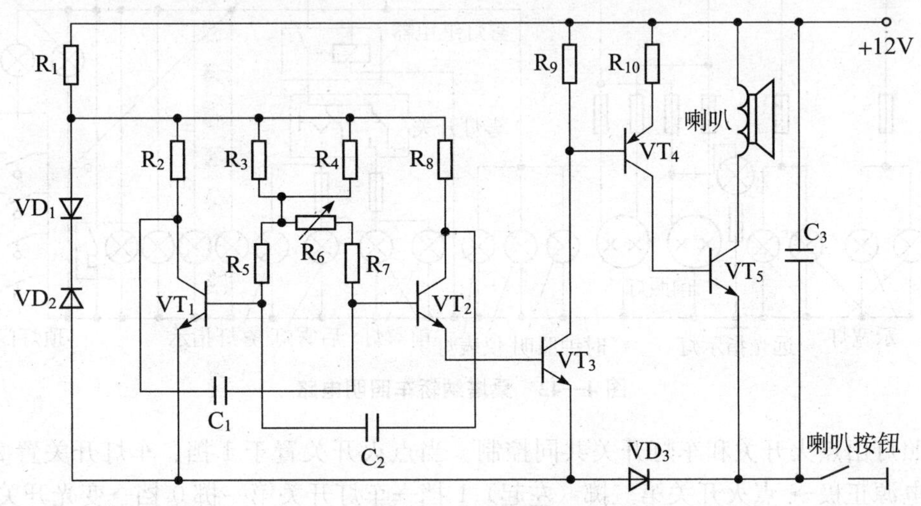

图 4—41　电子喇叭电路

喇叭电路的组成及工作原理为：VT_1、VT_2、C_1、C_2 及 R_1～R_8 组成多谐振荡电路；VT_3、VT_4、VT_5 组成功率放大电路；VD_2 向多谐振荡电路提供稳压电源；VD_1 有温度补偿作用，使振荡频率稳定；VD_3 防止电源反接，起保护作用；C_3 防止电磁波干扰；R_6 可用于调节喇叭的音量。当按下喇叭按钮时，电路接通，VT_1、VT_2 都有导通的可能。由于电路参数不可能完全一致，故设在电路接通瞬间 VT_1 先导通。VT_1 的集电极电位先下降，会建立如下正反馈过程：VT_1 的集电极电位下降，经 C_1 使 VT_2 基极电位下降，引起 VT_2 的集电极电位上升并经 C_2使 VT_1基极电位升高。这样就使 VT_1迅速饱和导通，而 VT_2迅速截止，电路进入暂时稳态。同时，C_1充电使 VT_2的基极电位升高，当达到 VT_2的导通电压时，VT_2导通，电路又形成正反馈过程，使 VT_2导通，而使 VT_1截止，电路进入新的暂时稳态。同时，C_2的充电又使 VT_1的基极电位升高，使 VT_1导通，电路再次形成正反馈过程，使 VT_1迅速饱和和导通，而 VT_2迅速截止。周而复始，形成自激振荡。在此过程中当 VT_2截止时，VT_3也截止，而 VT_4、VT_5导通，喇叭线圈中有电流通过，产生电磁力吸动膜片，喇叭发出声响；而 VT_2导通时，VT_3也导通，VT_4、VT_5截止，喇叭线圈中无电流通过，膜片复位。

四、照明电路举例

如图 4—42 所示为桑塔纳轿车照明电路。

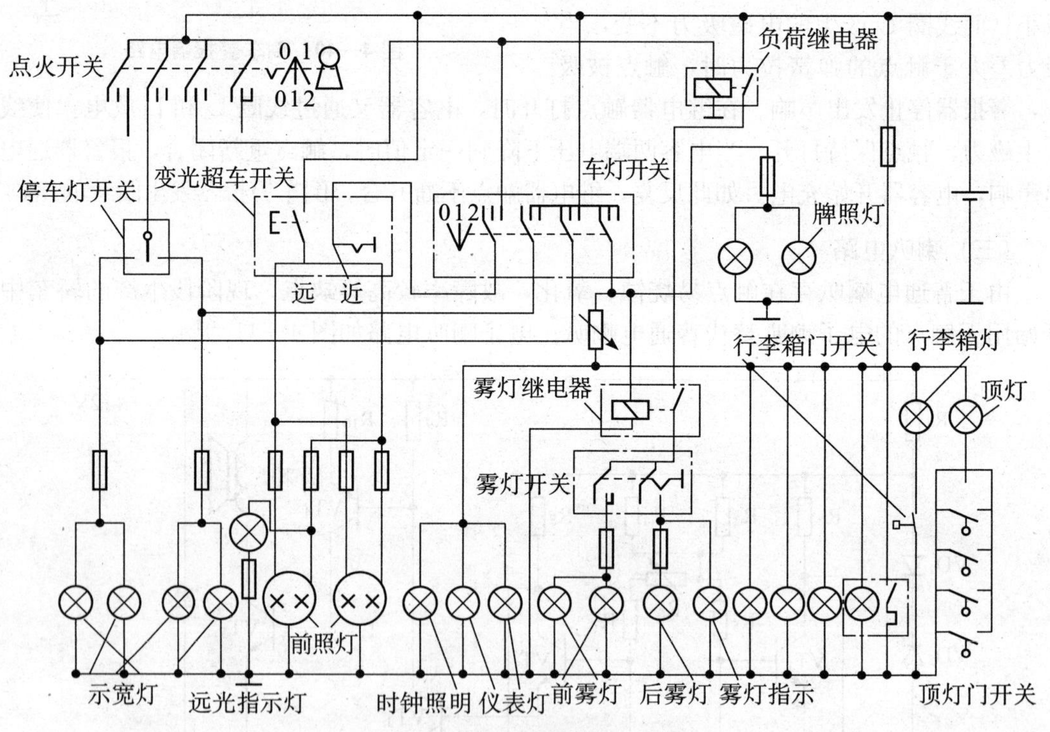

图 4—42　桑塔纳轿车照明电路

前照灯由点火开关和车灯开关共同控制。当点火开关置于 1 挡、车灯开关置 2 挡时，电流由电源正极→ 点火开关第三掷（左起）1 挡→车灯开关第一掷 0 挡→变光开关→保险丝→前照灯→接地，前照灯亮。通过变光开关控制远光、近光变换。此外，远光灯还由超车开关直接控制，在汽车超车时作为超车信号灯使用。

雾灯由点火开关、雾灯继电器、车灯开关控制。雾灯继电器线圈由车灯开关控制，雾灯继电器触点由负荷继电器控制，负荷继电器由点火开关控制。在使用雾灯时，点火开关必须置于第三掷 1 挡使负荷继电器接通，为雾灯继电器触点供电；车灯开关必须置于 1 挡或 2 挡使雾灯继电器接通，这时，雾灯开关就可以控制雾灯了。雾灯开关置于 1 挡接通前雾灯的电路，2 挡同时接通前雾灯、后雾灯和雾灯指示灯的电路。

牌照灯由车灯开关直接控制，不受点火开关控制，当车灯开关置于 1 挡或 2 挡时亮。仪表板、时钟、点烟器、雾灯开关、后风窗除霜器开关、空调开关等的照明灯均由车灯开关直接控制。当车灯开关在 1 挡或 2 挡时，上述照明电路均被接通，其亮度可通过仪表灯调光电阻进行调节。

顶灯由顶灯开关和门控开关共同控制。当顶灯开关接通时（手动），顶灯亮。当顶灯开关断开时，顶灯由 4 个门控开关控制，若有门关闭不严，则对应的门控开关就接通，顶灯亮起。

行李箱灯由行李箱门开关控制。当行李箱门打开时，门控开关闭合，行李箱灯亮。

第五节　汽车仪表报警系统电路分析

为使驾驶员能随时掌握汽车各系统的工作状况，汽车仪表板上装有各种指示仪表。常用的有电流表（或电压表）、机油压力表、水温表、转速和里程表、燃油表等。不同车型装用的个数及结构类型有所不同。

一、电流表及电压表

（一）电流表

电流表主要用来指示蓄电池充、放电电流值，同时监视电源系统的工作情况。表后盖有两个接线柱分别标有“＋”和“－”，在负极搭铁型的汽车上，电流表的负极接线柱接电池的正极，电流表的正极接线柱接发电机的正极，如图 4—43 所示。当发电机向蓄电池充电时，电流表示值为正；蓄电池向用电设备放电时，电流表示值为负。汽车上一般使用电磁式电流表。

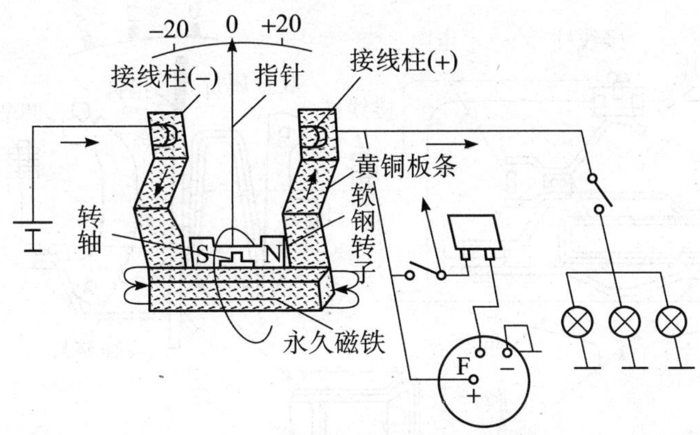

图 4—43　电磁式电流表电路

当电流表中无电流通过时，软钢转子被永久磁铁磁化，由于磁场方向相反，相互吸引，使指针停在中间零标度上。蓄电池放电时，其电流通过黄铜板条产生的磁场与永久磁铁形成逆时针偏转的合成磁场，使软钢转子逆时针偏转，示值为负。放电电流越大，合成磁场越强，偏转角度越大，指针指示读数越大。发电机向蓄电池充电时，其电流通过黄铜板条产生的磁场与永久磁铁形成顺时针偏转的合成磁场，使软钢转子顺时针偏转，示值为正。

（二）电压表

电压表用来指示发电机和蓄电池的端电压。它不仅能监控发电机和调节器的工作状况，还能指示蓄电池的技术状态，比电流表更为直观与实用。一般汽车常用电磁式电压表，其结构及工作原理如图 4—44所示。

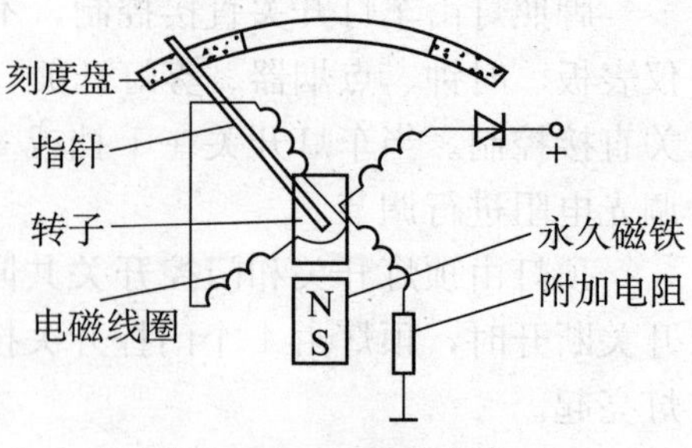

图 4—44 电压表电路

当点火开关关闭时，永久磁铁将转子磁化，使指针在初始位置。接通点火开关后，电源电压击穿稳压管，两线圈产生的磁场与永久磁铁产生的磁场相互作用，其合成磁场使转子带动指针偏转，显示电压值。电源电压越高，通过线圈中的电流就越大，其合成磁场越强，指针偏转角度就越大，指示电压值越高。

接通点火开关，电压表立即显示蓄电池的端电压，如 12V 电系一般显示为 12.5V～12.6V，启动瞬间，电压为 9V～10V。若启动时电压表显示值过低，说明蓄电池亏电或有故障。发电机正常工作时，电压表应显示在 13.5V～14.5V 的规定范围内。若启动时电压表读数无变化，说明发电机没有发电；若显示值超出规定范围，说明调节器调整不当或损坏。

二、机油压力表

机油压力表用来显示发动机主油道机油压力的大小，从而监视润滑系统的工作情况。常用的机油压力表有电热式、电磁式和动磁式三种。其中应用最为广泛的是电热式机油压力表，其电路如图 4—45 所示。

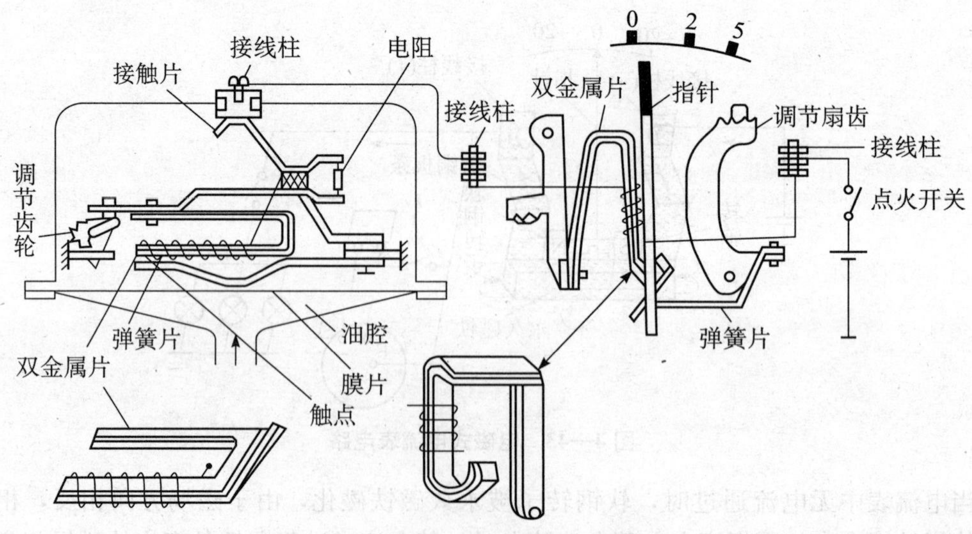

图 4—45 电热式机油压力表

接通点火开关时，电流由蓄电池正极→点火开关→接线柱→表内双金属片上的加热线圈→接线柱→传感器内接触片→分两路（一路流经传感器内双金属片上的加热线圈，另一路流经电阻→双金属片）→传感器内双金属片的触点→弹簧片→搭铁→蓄电池负极构成回路。由于电流流过表内和传感器内双金属片上的加热线圈，使双金属片受热变形。当机油压力很低时，膜片几乎不变形，作用在传感器内触点上的压力很小。当电流流过而温度略有上升时，传感器内双金属片就受热弯曲，使触点分开，切断通电回路。一段时间后，双金属片冷却伸直，触点闭合，电路再次被接通。此时触点闭合时间短，打开时间长，流过表内加热线圈的平均电流值小，表内双金属片弯曲变形程度小，指针偏转角度很小，显示为较低的油压。

当机油压力升高时，膜片向上拱曲使触点压力增大，传感器内双金属片需要在较高温度下才能使触点分开，即其上的加热线圈需要通过较大电流。触点分开后稍加冷却就很快闭合，故触点打开时间短，而闭合时间长，通过表内加热线圈的平均电流值大，指针偏转角度增大，显示为较高的油压。

三、水温表

水温表用来显示发动机冷却水的工作温度，常用的水温表有电热式和电磁式两种。其中电热式水温表与电热式机油压力表的结构和工作原理相似，这里主要介绍电磁式水温表，如图 4—46 所示。

当电源开关接通时，电流由蓄电池正极→点火开关→线圈 L_1→分两路（一路流经热敏电阻，另一路流经线圈 L_2）→搭铁→蓄电池负极构成回路。当水温较低时，传感器中热敏电阻的阻值大，电流经 L_1后，大部分流入 L_2中，产生的合成磁场使带指针的衔铁向左偏转，使表针指向低温刻度；当水温高时，传感器中热敏电阻的阻值减小，L_2中的电流相对减少，产生的合成磁场使带指针的衔铁向右偏转，表针指向高温刻度。

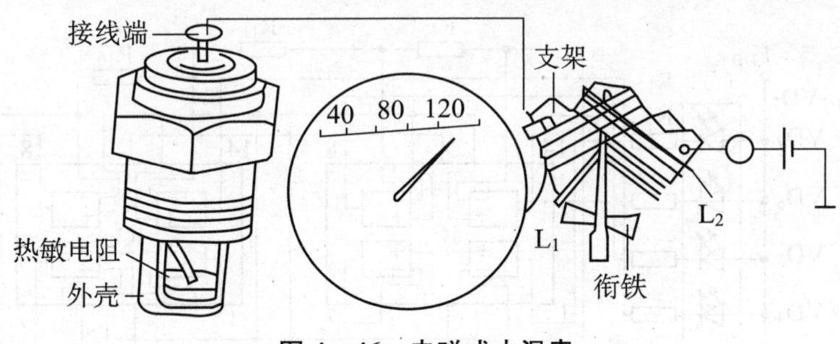

图 4—46　电磁式水温表

四、燃油表

燃油表用来显示油箱内燃油的多少，常用的燃油表有电热式、电磁式、电子式三种。其中电热式燃油表的结构和原理与电热式机油压力表基本相同，下面主要介绍电磁式和电子燃油表。

电磁式燃油表电路如图 4—47 所示。当油箱无油时，浮子下沉，滑线电阻上的滑片移至最右端，将右线圈短路，电流由蓄电池正极→点火开关→接线柱（上）→左线圈→接线柱（下）→浮子滑片→滑杆→搭铁→蓄电池负极。左线圈产生的磁场使转子带动指针左偏，使指针在“E”（空）位上。

当油量增加时，浮子上升，滑线电阻部分接入，接入部分电阻与右线圈并联，同时又与左线圈串联，电流由蓄电池正极→点火开关→接线柱（上）→左线圈→接线柱（下）→

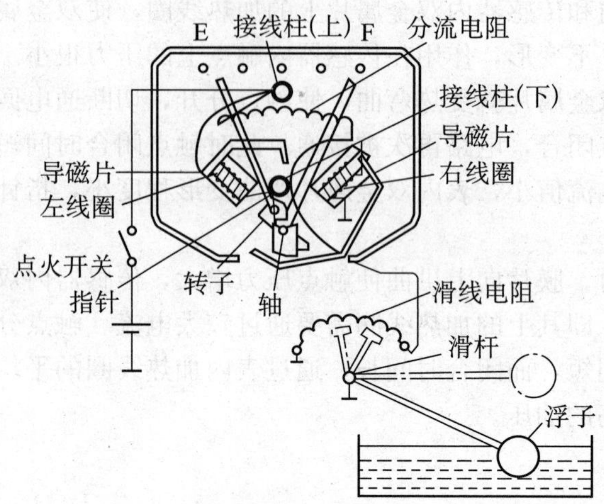

图 4—47　电磁式燃油表电路

分两路（一路经部分滑线电阻，另一路经右线圈）→搭铁→蓄电池负极。左线圈由于串联了电阻使线圈中的电流相对减小，磁场减弱，而右线圈中有电流通过，电流相对较大，合成磁场使转子带动指针右偏，指示出油箱中的油量。

当油箱中装满油时，浮子带着滑片移到电阻的最左端，电阻全部接入电路。此时左线圈中电流更小，磁场更弱，而右线圈中电流增大，磁场加强，转子便带动指针向右移，使指针在“F”（满）位上。

如图 4—48 所示为电子燃油表电路图。

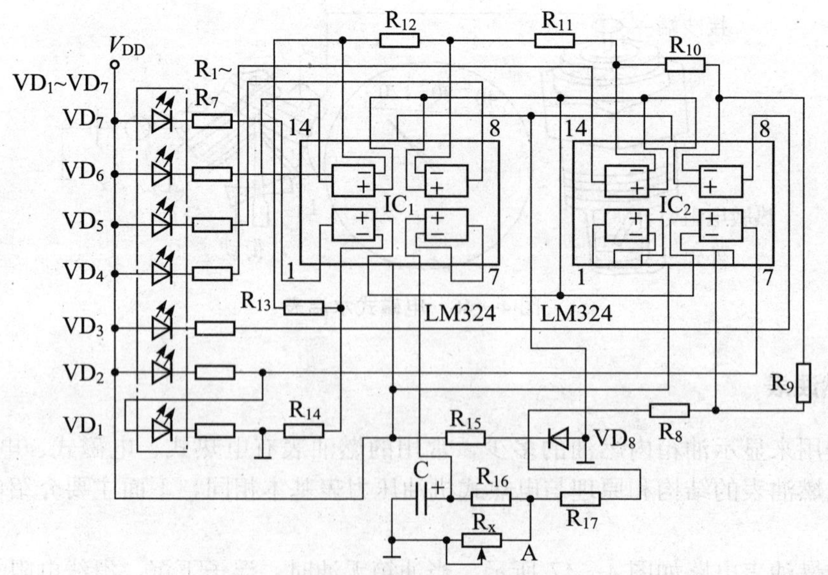

图 4—48　电子燃油表电路图

电路由两块电压比较器芯片、发光二极管显示器及相关电路组成。R_x是传感器的可变电阻；电阻 R_{15}和二极管 VD_8组成稳压电路，为 IC_1、IC_2两块电压比较器反向输入端提供基准电压信号；电容 C 和电阻 R_{16}组成延时电路，接到电压比较器的同向输入端，R_x产生的变化电压信号经延时后与基准电压信号进行比较放大。

当油箱内燃油加满时，R_x阻值最小，A 点电位最低，IC_1、IC_2两块电压比较器输出为低电平，6 只绿色发光二极管全部点亮，而红色发光二极管 VD_1熄灭，表示油箱已满。当油箱内的燃油量逐渐减少时，R_x阻值逐渐增大，A 点电位逐渐增高，绿色发光二极管 VD_7、VD_6、VD_5、…、VD_2依次熄灭。燃油量越少，绿色发光二极管亮的个数越少。当油箱内燃油用完时，R_x的阻值最大，A 点电位最高，IC_1、IC_2两块电压比较器输出为高电平，6 只绿色发光二极管全部熄灭，而红色发光二极管 VD_1亮，表示油箱无油。

五、电子式转速表

如图 4—49 所示为桑塔纳轿车转速表电路，转速信号来自于点火系的初级电路。其工作原理如下。

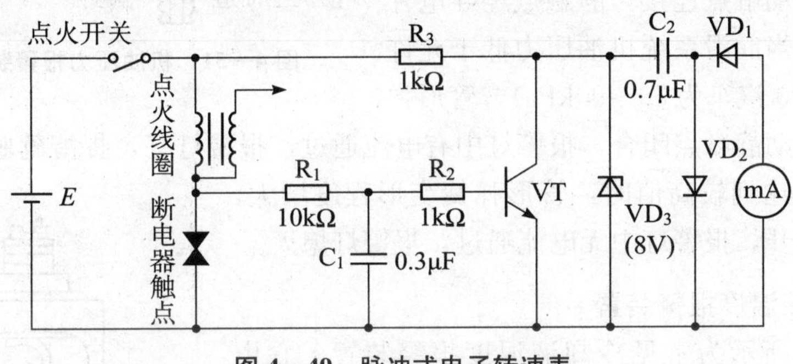

图 4—49　脉冲式电子转速表

(1) 当点火控制器初级电路导通时，三极管 VT 处于截止状态，电容 C_2 充电。其充电电路为：蓄电池正极→R_3→C_2→VD_2→蓄电池负极。

(2) 当点火控制器使初级电路截止时，三极管 VT 的基极获得正向电压而导通，此时 C_2 便通过导通的三极管 VT、电流表和 VD_1 构成放电回路，从而驱动电流表。

(3) 当发动机工作时，初级电路不断的导通、截止，其导通、截止的次数与发动机转速成正比。所以当初级电路不断地导通、截止时，对电容 C_2 不断地进行充放电，其放电电流平均值与发动机转速成正比，于是将电流平均值标定成发动机转速即可。

六、报警装置

为了保证行驶安全、提高车辆的可靠性，现代汽车安装了许多报警装置。这些装置一般由报警开关（传感器）、报警灯（或蜂鸣器）等组成。

(一) 蓄电池液面过低报警装置

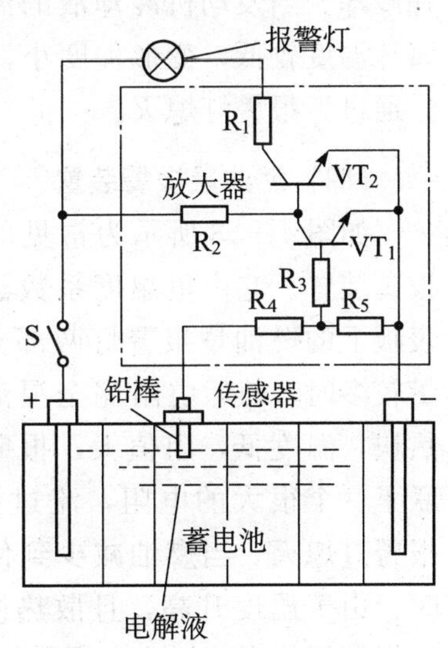

图 4—50　蓄电池液面过低报警装置

如图 4—50 所示。蓄电池液面过低报警装置由铅棒和加液塞构成的传感器、VT_1、VT_2构成的放大器、发光二极管构成的报警灯等组成。传感器安装在蓄电池单格内（一般为正极侧第三格）。当电解液液面高度为 10mm～15mm

时，铅棒与电解液发生化学反应后产生的电动势（约为8V）使 VT_1 导通，VT_2 因无正向偏压而截止，报警灯中无电流通过而不亮。当电解液液面低于10mm时，铅棒无法与电解液接触，电动势为零，故 VT_1 截止，VT_2 获得正偏压而导通，报警灯中有电流通过，报警灯亮，从而提醒驾驶员补充蒸馏水。

（二）机油压力报警装置

机油压力报警装置分膜片式和弹簧管式两种，如图4—51所示为最常见的弹簧管式机油压力报警装置。它由装在发动机主油道的弹簧管式传感器和装在仪表板上的报警灯两部分组成。传感器内的管形弹簧一端与发动机主油道连接，另一端与动触点连接，静触点经导电片与接线柱连接。当润滑系统机油压力低于允许值时（如EQ1090汽车为50～90kPa），管形弹簧几乎无变形，动静触点闭合，报警灯中有电流通过，报警灯亮，提醒驾驶员注意。当润滑系统机油压力达到较高值时，管形弹簧变形程度增大，使动、静触点分开，报警灯中无电流通过，报警灯熄灭。

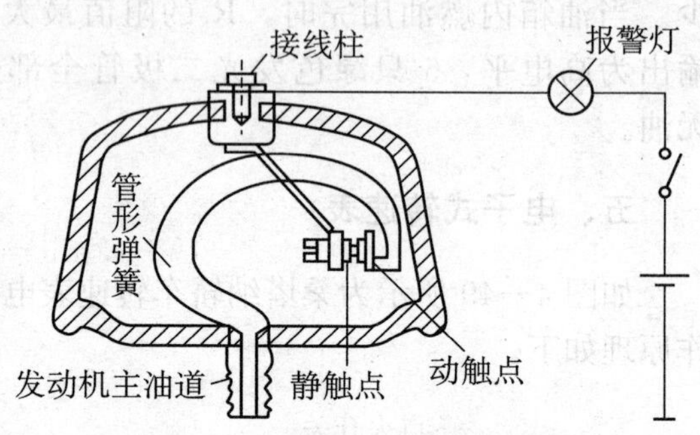

图4—51　机油压力报警装置及电路

（三）冷却液温度报警装置

如图4—52所示为常见冷却液温度报警装置。它由双金属片式温度传感器、仪表板上的冷却液温度报警灯两部分组成。当发动机冷却液的温度达到或超过极限温度时，传感器内双金属片受热变形，使触点闭合，报警灯中有电流通过，报警灯亮。提醒驾驶员及时停车检查并冷却。当发动机冷却液的温度正常时，传感器内双金属片温度较低，变形程度小，触点断开，报警灯中无电流通过，报警灯熄灭。

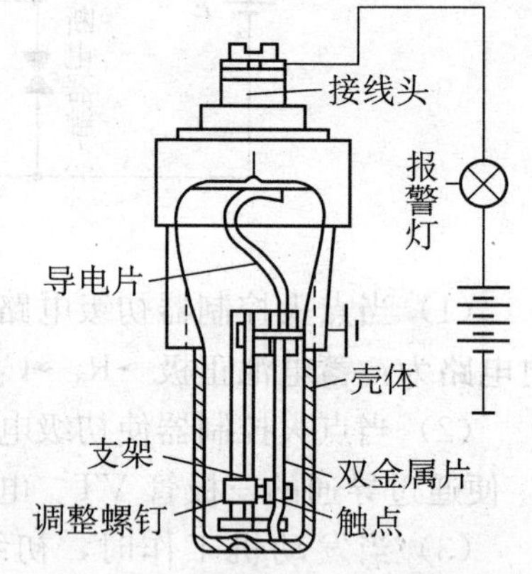

图4—52　冷却液温度报警装置

（四）燃油量报警装置

如图4—53所示为常见的热敏电阻式燃油量报警装置。它由负温度系数热敏电阻传感器、仪表板上的燃油量报警灯两部分组成。当油箱燃油量较多时，热敏电阻完全浸泡在燃油中，由于散热快，温度低，阻值大，报警灯电路中相当于串联了一个很大的电阻，流过报警灯的电流很小，报警灯熄灭。当燃油减少到使热敏电阻露出油面时，由于温度升高，且散热慢，电阻值减小，流过报警灯的电流增大，报警灯亮。

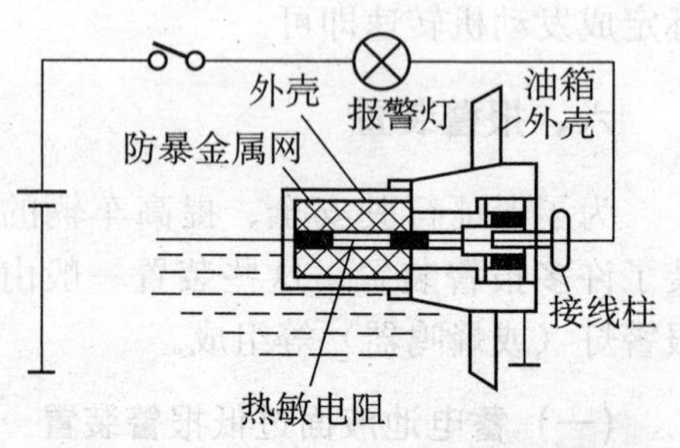

图4—53　热敏电阻式燃油报警装置

第六节　汽车辅助电器系统电路分析

一、继电器控制式电动风扇工作原理

继电器控制式电动风扇电路如图 4—54 所示。

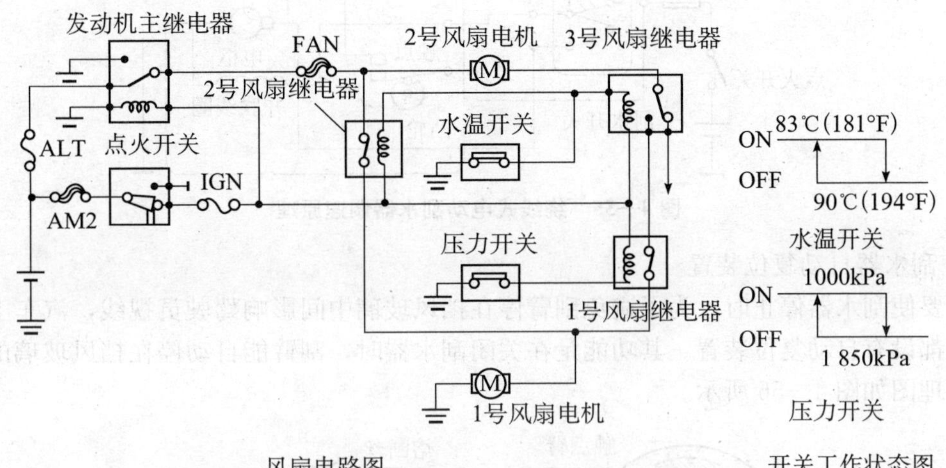

图 4—54　继电器控制式电动风扇电路

图中所示水温开关及压力开关状态与风扇工作状态的关系如表 4—1 所示。

表 4—1　继电器控制式电动风扇电路控制关系表

水　温	压　力	1 号 风 扇	2 号 风 扇
低	低	不工作	不工作
低	高	低速运转	低速运转
高	低	高速运转	高速运转
高	高	高速运转	高速运转

二、风窗清洁装置工作原理

(一) 电动刮水器的变速原理

1. 磁通改变变速原理

通过改变磁通来改变转速的方法只适合于绕线式直流电动机，如图 4—55 所示。当刮水开关在Ⅰ位置（低速）时，电流经由蓄电池正极 →点火开关→熔断器→接线柱①→接触片后，分为两路：

（1）由接线柱②→串联线圈→电枢→搭铁→蓄电池负极形成回路；

（2）由接线柱③→并联线圈→搭铁→蓄电池负极而形成回路。此时，由于串联线圈的电流减少，磁极磁通 Φ 减少，故电动机以低速运转。

当刮水器开关在Ⅱ位置（高速）时，电流由蓄电池正极 →点火开关→熔断丝→接线柱①→接线柱②→串联线圈→电枢→搭铁→蓄电池负极形成回路。此时由于并联线圈回路被开路，电流全部流经电枢，故电动机以高速运转。

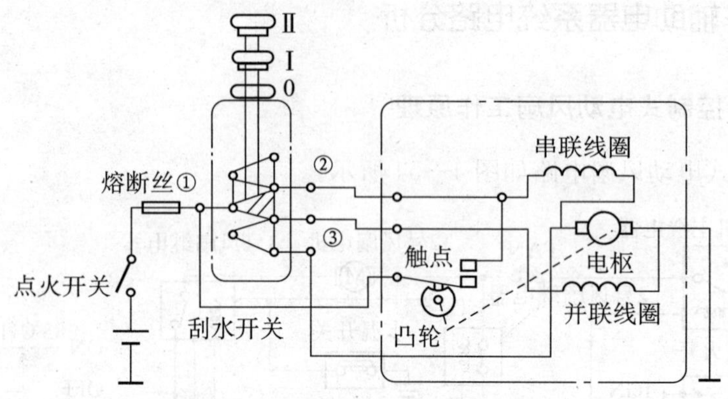

图 4—55　绕线式电动刮水器调速原理

2. 刮水器自动复位装置

当要使刮水器停止时，为了避免刮臂停在挡风玻璃中间影响驾驶员视线，汽车上电动刮水器都设有自动复位装置。其功能是在关闭刮水器时，刮臂能自动停在挡风玻璃的最下端，原理图如图 4—56 所示。

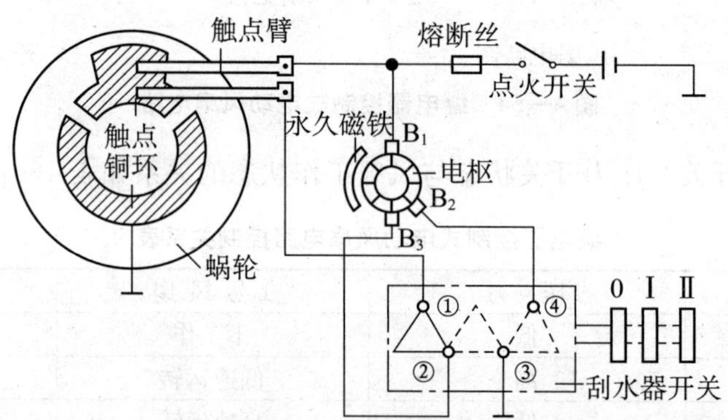

图 4—56　刮水器复位装置原理图

当刮水器开关推到 0 挡时，若刮臂没有停在规定的位置，由于此时触点与铜环接触，电流由蓄电池正极→点火开关→熔丝→慢速电刷 B_1→电枢→公共电刷 B_3→刮水器开关接线柱②→刮水器开关接线柱①→触点臂→触点→铜环→搭铁→蓄电池负极形成电流回路。电动机仍以低速运转，直至蜗轮转到特定位置时，铜环将两触点短接，电动机电枢绕组被短路。由于电动机存在惯性不能立即停转，变为以发电机方式运行，线圈内产生很大的反向电动势，形成制动力矩使电动机迅速停转，刮臂停在指定位置。

3. 刮水器电子间歇控制

电动刮水器的电子间歇控制按其间歇时间能否调节可分为可调式和不可调式。下面以同步振荡电路控制的间歇刮水器为例介绍其工作过程，电路如图 4—57 所示。电路中电阻 R、电容 C、二极管 VD 组成振荡电路，调整其参数即可改变振荡的占空比。当刮水开关置于“0”挡，且间歇开关闭合时，电流由蓄电池正极→点火开关→熔断丝→复位开关常闭触点→电阻 R→电容 C→搭铁→蓄电池负极形成充电回路。电容 C 两端电压上升达一定值时，VT_1 导通，VT_2随之导通。继电器 J 中有电流通过，回路为：蓄电池正极→点火开关→熔断丝→R_4→VT_2→继电器 J→间歇开关→搭铁→蓄电池负极。继电器磁化线圈通电使其常闭触点断开（实线位置），常开触点闭合（虚线位置）刮水电机电路被接通，回路为：蓄电池正极→点火开关→熔丝→公共电刷 B_3→低速电刷 B_1→刮水开关“0”位→继电器常开触点→搭铁→蓄电池负极形成供电回路，使刮水电机低速工作。当复位开关常闭触点被复位装置顶开至常开位置时，电流流向为电容 C→二极管 VD→复位开关常开位置→搭铁，快速放电。一段时间后，VT_1 截止，VT_2 截止，继电器断电，其触点复位，但这时电机仍运转，回路为：蓄电池正极→点火开关→熔断丝→公共电刷 B_3→低速电刷 B_1→刮水开关“0”位→继电器常闭触点→复位开关常开触点→搭铁→蓄电池负极。只有当复位开关常开触点被复位装置顶回至常闭位置时电机才停止，电容 C 再次充电，如此周而复始。

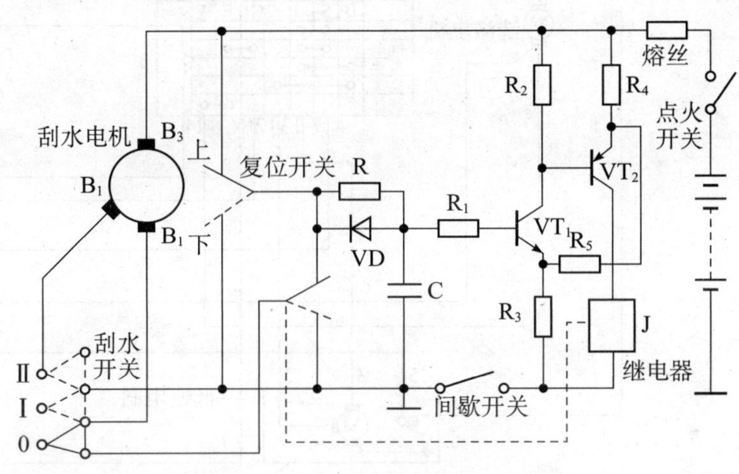

图 4—57　同步间歇刮水器控制电路

（二）风窗清洗装置控制电路

以丰田轿车风窗清洗装置控制电路为例来分析，电路如图 4—58 所示。

1. 刮水器低速工作

当点火开关打至 IG1 挡，刮水洗涤组合开关置低速位时，电流由蓄电池正极→熔丝盒→点火开关 IG1 挡→刮水器 20A 熔断器→刮水洗涤组合开关 B 接线柱→“低速”开关→7 接线柱→刮水电机低速电刷→电枢→公共电刷→搭铁→蓄电池负极形成回路，刮水电机低速运转。

2. 刮水器高速工作

当点火开关打至 IG1 挡，刮水洗涤组合开关置高速位时，电流由蓄电池正极→熔丝盒→点火开关 IG1 挡→刮水器 20A 熔断器→刮水洗涤组合开关 B 接线柱→“高速”开关→13 接线柱→刮水电机高速电刷→电枢→公共电刷→搭铁→蓄电池负极形成回路，刮水电机高速运转。

3. 刮水器间歇工作

当点火开关打至 IG1 挡，刮水洗涤组合开关置间歇位时，电流由蓄电池正极→熔丝盒→点火开关 IG1 挡→刮水器 20A 熔断器→刮水器继电器 2 脚→刮水器继电器 5 脚→刮水洗涤组合开关 4 接线柱→“间歇”开关→刮水洗涤组合开关 7 接线柱→刮水电机低速电刷→电枢→公共电刷→搭铁→蓄电池负极形成回路，刮水电机间歇运转。间歇时间由刮水器继电器控制。

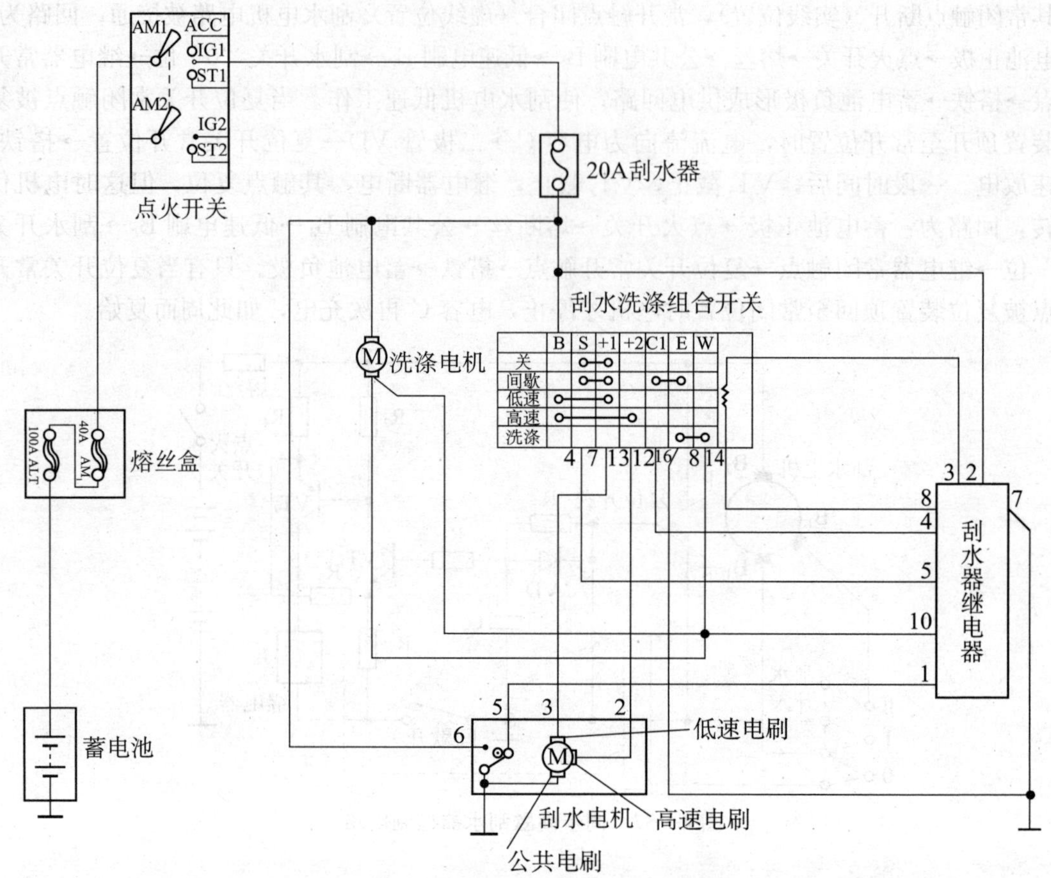

图 4—58　丰田轿车风窗清洗装置控制电路

4. 刮水器停机复位

当刮水洗涤组合开关打至“关”挡位置时，若刮臂没有停在规定位置，则刮水器电机内复位装置将 5 号端子与 6 号端子接通，电流由蓄电池正极→熔丝→点火开关 IG1 挡→刮水器 20A 熔丝盒→刮水电机 6 号端子→刮水电机 5 号端子→刮水器继电器 1 脚→刮水器继电器 5 脚→刮水洗涤组合开关 4 接线柱→“关”开关→刮水洗涤组合开关 7 接线柱→刮水电机低速电刷→电枢→公共电刷→搭铁→蓄电池负极，形成回路，电机继续转动，直至刮水器停在规定位置上。

5. 洗涤器

当点火开关打至 IG1 挡，刮水洗涤组合开关置洗涤位时，电流由蓄电池正极→熔丝→点火开关 IG1 挡→刮水器 20A 熔丝盒→洗涤电机→刮水洗涤组合开关 8 接线柱→“洗涤”开关→刮水洗涤组合开关 16 接线柱→搭铁→蓄电池负极形成回路，同时，刮水器继电器被触发工作，使刮水器配合洗涤器工作。

三、电动后视镜电路工作原理

如图 4—59 所示为丰田车系电动后视镜电路，主要通过电动后视镜的开关来控制两个电机，即上下位置调整电机和左右位置调整电机。

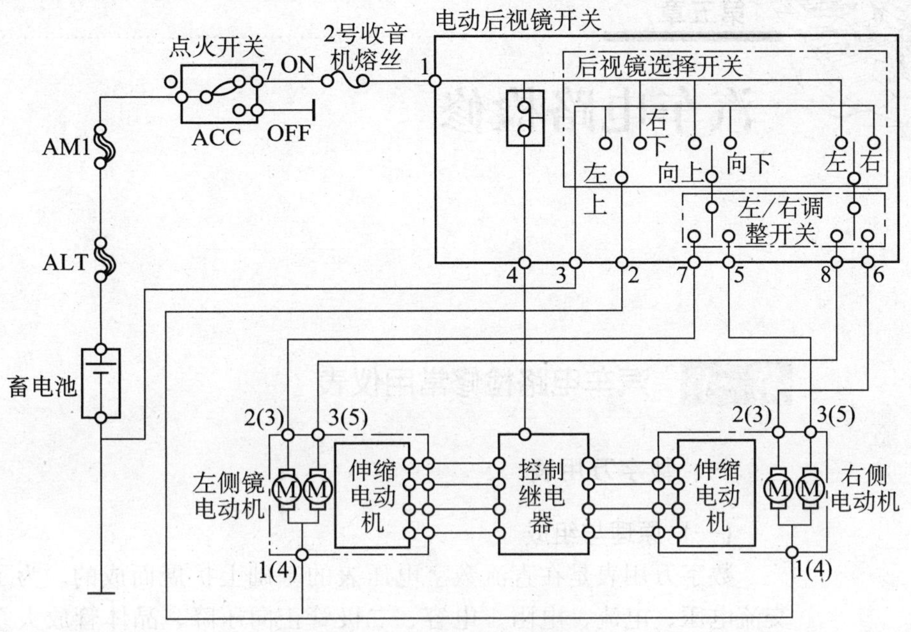

图 4—59　电动后视镜电路

该电路的控制过程是：点火开关置ON位，应先确定要调整的后视镜，然后选定该后视镜操作挡位。若要使左后视镜反射镜偏左转，电动后视镜开关应扳向左挡位，电流从熔丝→电动后视镜开关1号接线柱→向左开关闭合的触点→后视镜选择开关闭合的触点→电动后视镜开关7号接线柱→左侧镜电动机2号接线柱→左侧镜电动机3号接线柱→电动后视镜开关8号接线柱→后视镜选择开关（左向闭合）触点→向左开关（闭合触点）→电动后视镜开关2号接线柱→搭铁，形成回路。于是，左后视镜“左/右”电机转动，反射镜向“左”偏转，直至放开扳动的电动后视镜开关为止。

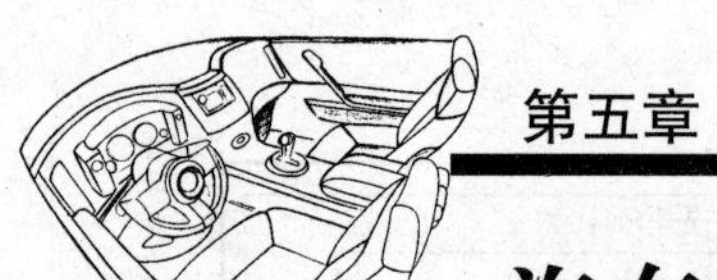

第五章

汽车电路检修

第一节 汽车电路检修常用仪表

一、数字万用表

（一）原理与组成

数字万用表是在直流数字电压表的基础上扩展而成的。为了能测量交流电压、电流、电阻、电容、二极管正向压降、晶体管放大系数等电量，必须增加相应的转换器，将被测电量转换成直流电压信号，再由A/D转换器转换成数字量，并以数字形式显示出来。数字万用表的外观如图5—1所示。

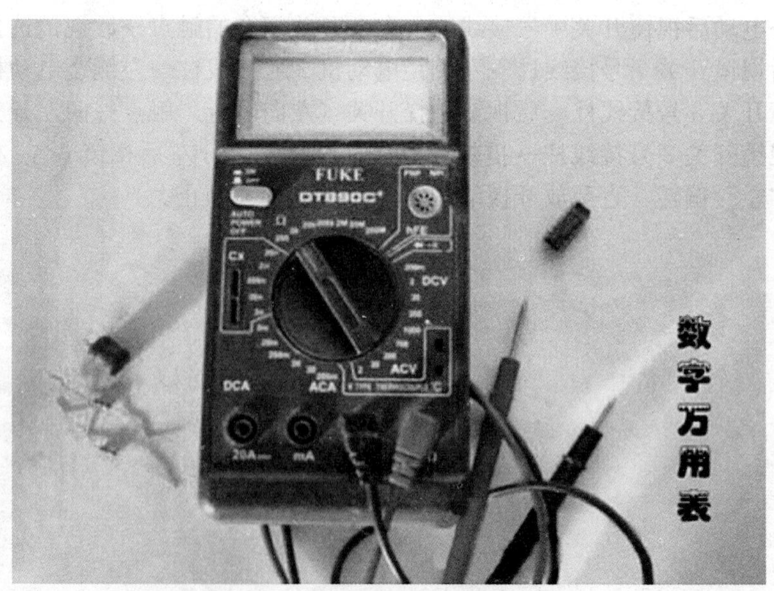

图5—1 数字万用表的基本结构

常用的数字万用表显示数字位数有三位半、四位半和五位半之分，对应的显示最大值分别为1 999，19 999和199 999，并由此构成不同型号的数字万用表。

（二）在典型测量中的应用

1. 直流电压测量

（1）将黑色表笔插入“COM”插孔，红色表笔插入“VΩ”插孔；

（2）将功能开关置于“DCV”量程范围，并将表笔并接在被测负载或信号源上，在显示电压读数时，同时会指示出红表笔的极性。

2. 交流电压测量

（1）将黑表笔插入“COM”插孔，红表笔插入“VΩ”插孔；

（2）将功能开关置于“ACV”量程范围，并将表笔并接在被测负载或信号源上。

3. 直流电流测量

（1）将黑表笔插入“COM”插孔，当被测电流在2A以下时，红表笔插入“A”插孔，如果被测电流在2～10A之间，则将红表笔移至“10A”插孔；

（2）功能开关置于“DCA”量程范围，两表笔串入被测电路中；

（3）红表笔的极性将在数字显示的同时显示出来。

4. 交流电流测量

测试方法和注意事项与直流电流测量方法基本相同，仅在第（2）步时，将功能开关量于“ACA”量程范围内即可。

5. 电阻测量

将黑表笔插入“COM”插孔，红表笔插入“VΩ”插孔（注意：红表笔极性为正）。将功能开关置于所需量程，将表笔并接在被测电阻上。测量电阻时，红表笔接正极，黑表笔接负极，这与指针式万用表正好相反。因此，测量晶体管、电解电容器等有极性的元件时，必须注意表笔的极性。

6. 二极管测量

（1）将黑表笔插入“COM”插孔，红表笔插入“VΩ”插孔（注意：红表笔为正极）；

（2）将功能开关置于二极管挡，并将测试笔并接在被测二极管上；

（3）显示值为正向电压值时，二极管正接，当二极管反接时则显示过量程“1”。

7. 音响通断检查

（1）将黑表笔插入“COM”插孔，红表笔插入“VΩ”插孔；

（2）将功能开关置于“蜂鸣器”挡并将表笔并接在欲检测电路两端；

（3）若被检测两点之间的电阻小于30Ω蜂鸣器便会发出声响。

8. 晶体管 h_{FE} 测量

（1）将功能开关置于 h_{FE} 挡上；

（2）先认定晶体三极管是PNP型还是NPN型，然后再将被测管e、b、c三脚分别插入面板对应的晶体三极管插孔内；

（3）显示的则是 h_{FE} 近似值，测试条件为基极电流10μA，U_{ce} 约2.8V。

二、汽车专用测试灯

（一）用途及结构

汽车专用测试灯主要用于汽车线路故障的检查，根据测试灯的亮熄及不同的明暗程度来判断汽车线路有无断路、短路和搭铁故障。如图 5—2 所示，汽车专用测试灯有无源测试灯和自带电源测试灯两种。

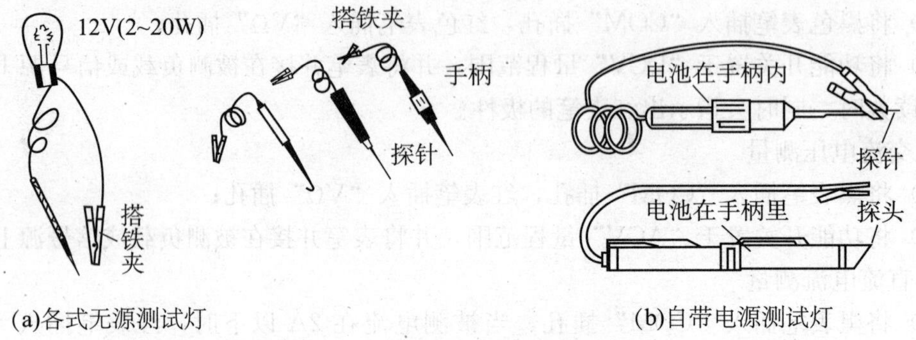

图 5—2 各种形式的汽车专用测试灯

（二）使用注意事项

（1）测试灯由灯头、导线、测试端头（探头、探针）及搭铁夹组成。测试端头根据连接用途不同分为各种不同型号。自带电源测试灯是在测量手柄内比无源测试灯多加装了两节 1.5V 干电池。

（2）无源测试灯主要用来检查电源系统是否为各电气系统正常供电。使用时，将测试灯一端搭铁，另一端接电气部件的电源线路接点。若测试灯亮，说明该电气部件电源电路没有故障；如果测试灯不亮，再去测试第二个接点，若此时测试灯亮，则说明在第一个接点和第二个接点之间有断路故障；如果测试灯仍然不亮，依电源方向再测试第三个接点，……如此反复测试，直到测试灯亮为止，并判断故障位置。

（3）自带电源测试灯用来检查电气线路的断路和短路故障。断路检测时，首先断开与电气部件相连接的电源线路，再将测试灯一端搭铁，另一端从电路一端开始依次测试电路各个接点，如果测试灯不亮，则断路点在被测点与搭铁之间。如果测试灯亮，说明断路出现在该被测点与上一个被测点之间。短路检测时，应首先断开与电气部件相连接的电源线和搭铁线，再使测试灯一端搭铁，一端与余下的电气部件电路相连接。如果出现测试灯亮，表示有短路（搭铁）故障，然后依次断开电路中的插接件，打开开关，拆除部件等，直到测试灯熄灭为止。

（4）测试灯不可用来检测汽车发动机的微机控制系统，除非在维修手册中有特殊说明。

三、汽车用跨接线

（一）用途及外形

如图 5—3 所示，汽车用跨接线就是一段多股导线，两端分别接有鳄鱼夹或者其他形式的跨接线，以用作特定位置的检测。

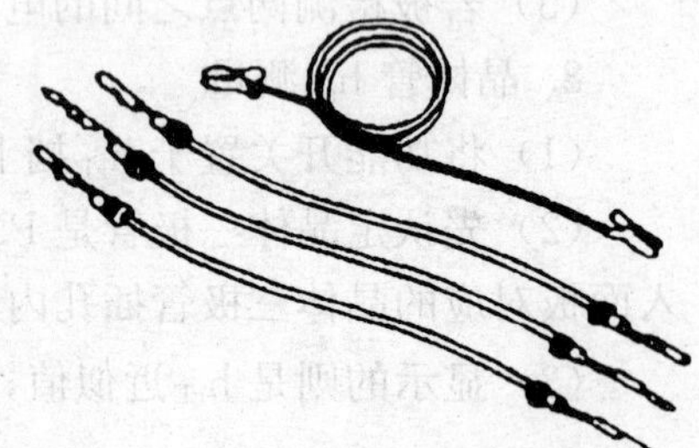

图 5—3 各种形式汽车用跨接线

跨接线是种非常实用的工具，它可用来替代被怀疑有断路故障的导线，也可以在不需要某部件的功能时，用跨接线将其短路，以检查其他部件的工作情况。此外，在汽车电控系统的故障诊断中，常常需要用专门的跨接线（跳线）跨接在专用检测接口内规定的插座或插头上，以完成调取故障的操作，使检修人员能顺利地进行故障诊断。

（二）使用注意事项

（1）在用跨接线将电源电压加至测试部件时，首先必须确认被测部件的额定电压是否与汽车电源电压相同，以确定可否使用跨接线。否则，会因某些车辆的传感器或喷油器等与电源电压不匹配而造成用电设备的损坏。

（2）跨接线不可以连接在测试部件正极接线柱与搭铁之间。

第二节　汽车电路检修常用方法

一、故障检测步骤

（一）了解故障症状

检查故障电路中所有元件，证实顾客提出的故障是否准确并记录症状。划定故障区域，开始拆卸和测试。

（二）分析图表

在线路图中找出故障电路，检查从电源经各电气元件到搭铁的线路，判断电路工作状况，同时查找与故障电路共线的电路。共熔丝盒、搭铁和开关的电路名称在每个电路图中会提及，试着运行各共线电路，若共线电路工作正常，则整个共线电路正常，原因一定在故障电路的非共线部分。若几个电路同时失灵，原因可能是熔断器或搭铁异常。依据症状和对电路运行的了解，分析导致电路故障的可能因素。

（三）测试电路，找出故障

按步骤（二）得到的诊断结果测试，合理安排测试流程可提高故障检测效率。可以首先测试故障最可能发生的区域，也可同时测试多点。

（四）排除故障

一旦确定故障，在着手修理时应保证正确使用工具并按步骤安全操作。

（五）证实电路故障

在各种状况下检查、修复电路中所有元件，确定故障已全部排除，若故障原因是熔丝盒烧坏，检测接通此熔丝盒的所有电路，证实旧故障已排除，且没有出现新故障。

二、故障测试方法

（一）短路测试

（1）使用一个内阻至少为 10kΩ 的数字或模拟式万用表；

（2）拆下已烧坏的熔丝并断开回路中所有负载，如图5—4 所示。

（3）在熔丝盒位置连接测试灯。

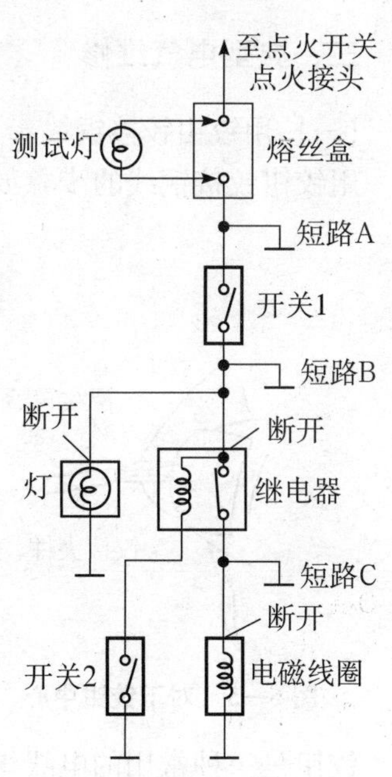

图 5—4　短路测试图

(4) 在电路处于以下状态时打开测试灯。

1) 点火开关置于“ON”位;

2) 点火开关置于“ON”位，开关 1 置于“ON”位;

3) 点火开关 1 和继电器均置于“ON”(连接继电器)。

(5) 接通或断开元件及接头，分别观察测试灯。

1) 当回路短路或元件接通时，测试灯亮;

2) 当回路或元件断开时，测试灯灭。

(二) 电压检测

(1) 使用一个内阻至少为 10kΩ 的数字式或模拟式万用表。

(2) 在下列状态下检查测试点处电压:

1) 点火开关置于“ON”位;

2) 点火开关置于“ON”位，开关 1 置于“ON”位;

3) 点火开关 1 和继电器均置于“ON”。

(3) 电压表调至测试电路合适范围内。

(4) 负极表笔搭铁或连接蓄电池负极，正极表笔接测试点或元件接线端。

(三) 测试导通性

当测试一个电线不密封接头的电压时，不必将接头分开，先从背部检查接头两侧，因为接头脏污、安装不正确和弯曲都可能引起故障。

(1) 拆下汽车蓄电池负极电缆，若使用欧姆表(DVOM)，将它调至最低阻值范围;

(2) 将自供电测试灯或欧姆表一个测试头与被测试电路中的一个测试点接通;

(3) 另一个测试头接通另一测试点。

(4) 若自带电源测试灯亮，线路导通，若使用欧姆表，低读数或零读数表示导通。

三、典型电气维修

(一) 用铰钳铰接铜线

用铰钳铰接铜线的步骤如图 5—5、图 5—6、图 5—7 所示。

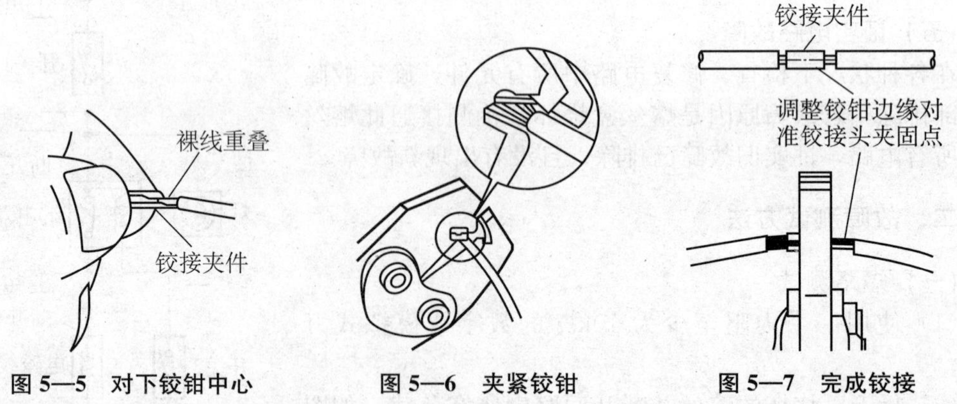

图 5—5 对下铰钳中心　　图 5—6 夹紧铰钳　　图 5—7 完成铰接

铰钳是一种常用的电线维修工具，但在某些有特殊要求的场合如湿封时，不能使用。

（1）如线束有扎带需拆开扎带。为避免电线绝缘层损坏，用“缝隙拆开件”拆下线束；若线束有黑色热缩管，直接拉出需铰接的导线即可。

（2）从线端切下一段尽可能短的电线，若切下电线太长，以后需用长电线以改变铰接位置，或调整铰接位置以满足每一铰接位距其他铰接位线束分支或接头至少 40mm 远的要求就很难满足。

（3）若不清楚电线型号，从电线剥离器最大孔开始，依次向下直到绝缘层被剥离，小心避免电线线芯出现裂纹或被切断。

（4）选择合适的砧座放入铰接夹，使用大小两种砧座重叠裸线，用大拇指和食指抓紧，然后将铰接夹中心对准裸线芯并固定。完全张开铰接工具并将一个手柄支撑在固定平面上。用合适砧座调整铰接夹后部，合上铰接工具至幅角触及夹点侧边，然后用稳定压力夹紧铰接工具直到其闭合。

（5）每股线均不能松脱，并且绝缘层不能夹在铰接线夹内，将每端再夹一次，注意不要让铰接工具伸出线夹外，这样可能损坏或划伤电线。

（6）如图 5—8 所示，用 60/40 松脂芯焊料焊封线夹后背孔。操作时，应遵循烙铁使用说明。

（7）如图 5—9 所示，缠上绝缘胶布，胶布应包住整个铰接位。所缠胶布的厚度应等同于电线绝缘层厚度，绝缘胶布包裹不能太松散，否则就无法提供可靠绝缘。

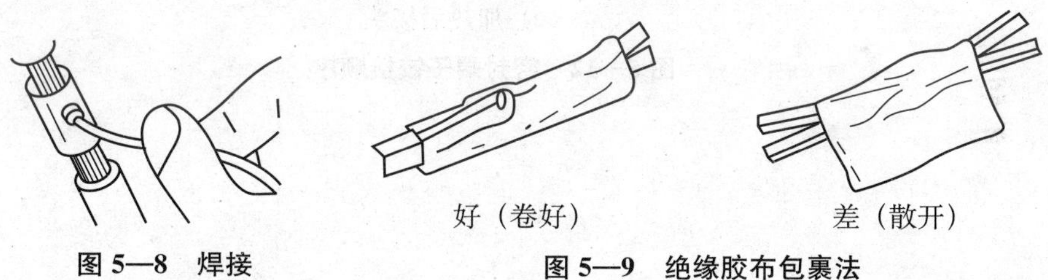

图 5—8　焊接　　**图 5—9　绝缘胶布包裹法**

（8）若电线没有导管或混于其他线束中，需在第一层上再包上一层绝缘布，如图5—10所示。

图 5—10　包裹两层绝缘胶布的方法

（二）用线束、密封铰接端子铰接铜线

（1）拆下线束。如线束有扎带，为避免电线绝缘层损坏，用“缝隙拆开件”拆下线束。

（2）切线。从线端切下一段尽可能短的电线，若切下电线太多，就不能满足以后需用长电线以改变铰接位置所需要，也难以满足每一铰接位离其他铰接位线束分支或接头至少 40mm 远的要求，不利于防止相邻接头的侵蚀甚至会导致损坏。

（3）剥线。若线束导线需加长，必须用与原电线同型号的电线。若不清楚电线型号，从电线剥离器最大孔开始，依次向下直到绝缘层被剥离，剥线长度约 7.5mm。小心不要切断电线线芯，如电线线芯坏损，应切去，再重复此步骤。

（4）选择并定位铰接端子。根据电线型号，选择合适铰接端子，铰接端子和相应工具槽均标有颜色代码（见图 5—11）。

铰接端子管边中央有一块止板，作用是防止电线进入太多。轻轻压合手工铰接工具手柄，将铰接端子牢牢固定在工具相应窝槽中。

红色填料
蓝色填料
黄色填料

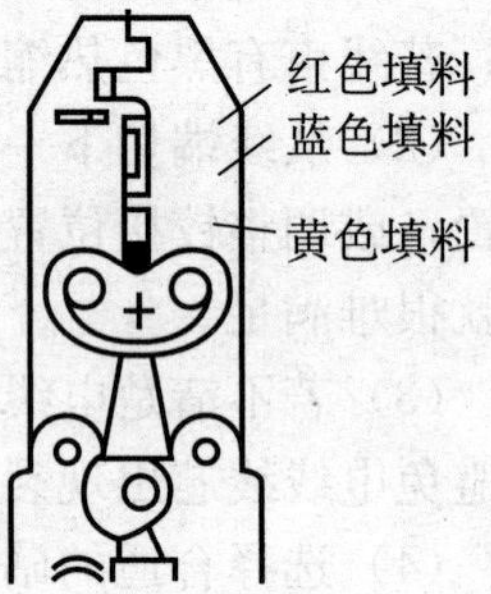

图 5—11　手工铰接工具

（5）将电线线芯插入端子内，并压合端子。将电线线芯插入铰接端子直到它碰到管边止板，用力压合手工铰接工具手柄，直到手柄打开时放松。

（6）装热缩管并吹缩。用热风筒加垫压合端子上的套管，慢慢将垫套管从绝缘管口移入，当热缩管沿绝缘体送入时，完全收缩包附，充分完成缩管（见图 5—12）。收缩时，会有少量密封剂由缩管溢出。

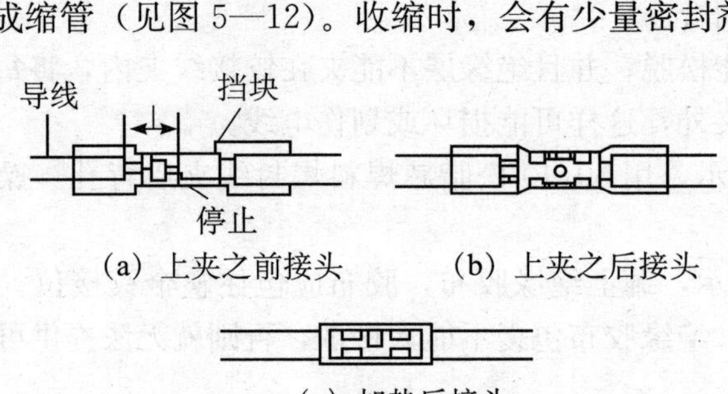

（a）上夹之前接头　　（b）上夹之后接头

（c）加热后接头

图 5—12　密封端子铰接顺序

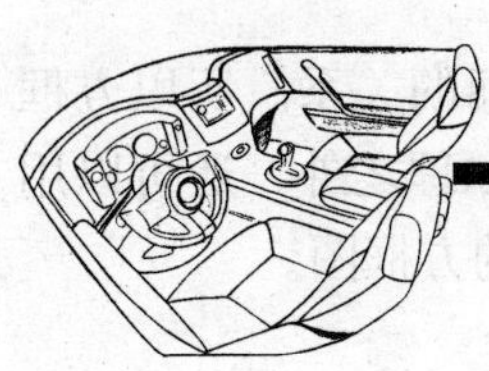

第六章

汽车电子电路图识读

第一节 电子线路图初识

一、电子电路图的分类

常见的电子电路图有原理图、方框图、装配图和印板图等。

(一) 原理图

原理图就是用来描述电子电路工作原理的一种电路图，又称为“电原理图”。由于它直接体现了电子电路的结构和工作原理，所以一般在设计、分析电路时使用。分析电路时，通过识别图纸上所画的各种电路元件符号，以及它们之间的连接方式，就可以了解电路的实际工作时情况，如图 6—1 所示就是电路原理图。

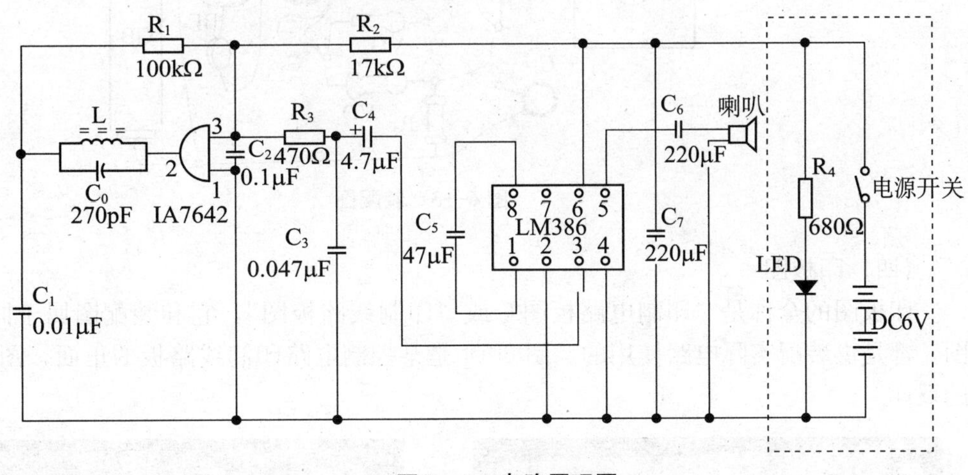

图 6—1 电路原理图

(二) 方框图

方框图是一种用方框和连线来表示电路工作原理和构成的电路图。从根本上说，这也是一种原理图，不过在这种图纸中，除了方框和连线，几乎没有其他符号。它和原理图主要的区别就在于原理图上详细地绘制了电路中全部元器件及其的连接方式，而方框图只是简单地将电路按照功能划分为几个部分，将每一个部分表示成一个方框，在方框中加上简单的文字说明，方框间用连线（有时用带箭头的连线）说明各个方框之间的关系。所以方框图只能简略说明电路的工作原理，而原理图除了详细地表明电路的工作原理之外，还可以用来作为采购元件、制作电路的依据。如图 6—2 所示就是和图 6—1 对应的方框图。

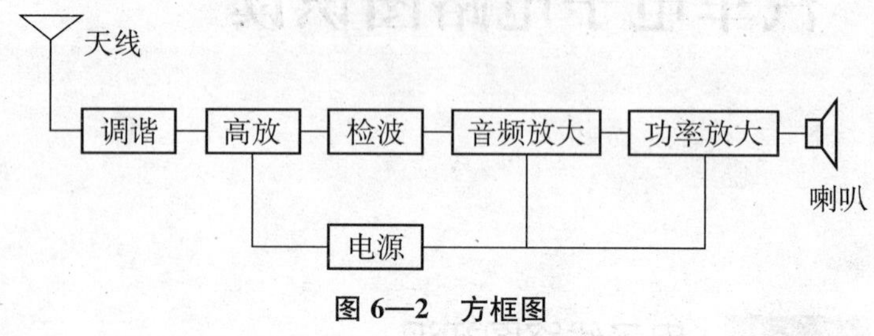

图 6—2　方框图

（三）装配图

装配图是为了进行电路装配而绘制的一种图纸，图上的符号往往是电路元件的实物外形图。我们只要照图把电路元器件连接起来就能够完成电路的装配。这种电路图一般是供初学者使用的，如图 6—3 所示。

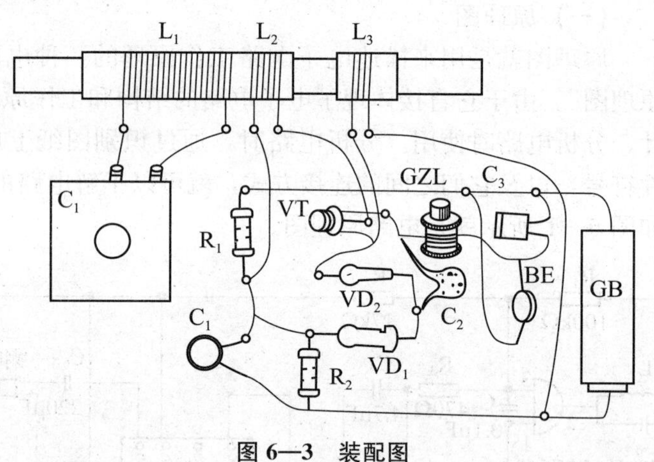

图 6—3　装配图

（四）印板图

印板图的全称是“印制电路板图”或“印制线路板图”，它和装配图属于同一类电路图，都是供装配实际电路使用的。图 6—4 是某控制电路印制线路板的正面，图 6—5 是它的反面。

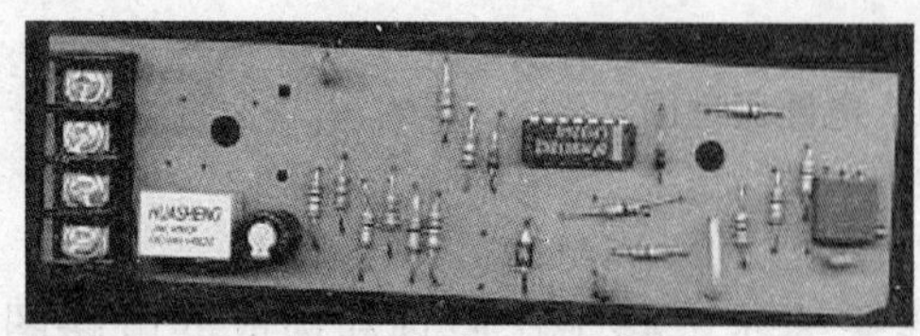

图 6—4　电路板正面

图 6—5　电路板反面

印制电路板是在一块绝缘板上先覆上一层金属箔，再将电路不需要的金属箔腐蚀掉，然后将电路中的元器件安装在这块绝缘板上，利用板上剩余的金属箔作为元器件之间导电的连线，从而完成电路的连接。由于这种电路板的一面或两面覆盖的金属是铜皮，所以印制电路板又称“覆铜板”。印板图的元件分布往往和原理图中大不一样，这主要是因为，在印制电路板的设计中，要考虑所有元件的分布和连接是否合理，要考虑元件体积、散热、抗干扰、抗耦合等诸多因素。综合这些因素设计出来的印制电路板，从外观看很难和原理图完全对应，而实际上却能更好地实现电路的功能。

在上面介绍的四种形式的电子电路图中，原理图是最常用也是最重要的，能够看懂原理图，也就基本掌握了电路的原理，绘制方框图，设计装配图、印板图都会比较容易了，进行电器的维修、设计，也将十分方便。因此，汽车电路分析的关键是掌握原理图的识读、分析方法。

二、电子电路图的组成

电子电路图主要由元件符号、连线、结点、注释四大部分组成。

(1) 元件符号表示实际电路中的元件。它的形状与实际的元件不一定相似，甚至完全不同。但是它一般都表示出了元件的特点，而且引脚的数目都与实际元件一致。

(2) 连线表示的是实际电路中的导线。在原理图中虽然是一根线，但在常用的印制电路板中往往不是线而是各种形状的铜箔块，就像收音机原理图中的许多连线在印制电路板图中并不一定都是线形的，也可以是一定形状的铜膜。

(3) 结点表示几个元件引脚或几条导线之间相互的连接关系。所有和结点相连的元件引脚、导线，不论数目多少，都是导通的。

(4) 注释在电子电路图中是十分重要的，电子电路图中所有的文字都可以归入注释一类。仔细观察以上各图就会发现，在电子电路图的各个地方都有注释存在，它们被用来说明元件的型号、名称等。

第二节　电子电路图的识读方法

一、识读电子电路图的基本方法

(一) 根据由大到小、由粗到细的顺序识读电子电路图

所谓“大”和“粗”，是指整机或系统的大体结构，还有信号的主要处理过程；所谓“小”和“细”，是指具体的电路、元器件和连线等，具体到上述各种电路图来讲，基本顺序应是整体方框图、系统方框图、板块原理图、系统原理图、印制电路板图、整体连线图，最后是整体电路原理图。

首先要学会看整体方框图，要弄清楚整体是由哪几部分（板块或系统）组成的，每一部分对信号进行怎样的处理，各部分之间有什么联系等。这些问题弄清楚了，对整体就有了大致的了解。在此基础上，再去识读各系统、各板块的方框图。要了解各系统、板块的主要构成，每一部分的作用及对信号的处理，并了解各部分之间的关系。这些问题搞清了，也就了解了在该系统中信号的流向和处理的方法了。在掌握了各部分的方框图以后，再去识读相应的原理图。原理图是由元器件的符号和连线构成的。在原理图中，要搞清楚各个部分的具体电路构成，每个元器件的作用，详细的信号走向和处理过程，以及如何达到设计要求等。各部分原理图搞清楚了，整体的工作原理也就容易明白了。然后，再去识

读印制电路板图。这种图主要考虑的是如何布局布线更合理，使走线不交叉，元器件之间也没有互相干扰。装配时照图操作，维修时照图找出可疑的元器件，加以测试和判断，找出故障原因。整体连线图主要用于装配和维修，是在原理图和印制电路板图的基础上绘制成的。通过识读整体连线图，可以弄清楚印制电路板之间，或者印制电路板与显示、按键、输入和输出插孔等之间的连接关系。整机连线图也只能在掌握了原理图和印制电路板图之后才能读懂。

（二）根据基本电路程式识读电子电路方框图

根据基本电路程式，可画出电子电路方框图。例如，根据整体电路原理图的电路程式可画出整体组成方框图；根据板块电路图的电路程式可画出板块系统组成方框图；根据系统电路图的电路程式可画出系统方框图。电路组成方框图不反映电路的具体结构，主要是反映电路的功能，信号的变换过程，反映各级电路或各系统电路之间的联系，各种信号的走向。实际上，读电路图的重要任务之一，就是研究分析传输信号的内容、种类、波形及它们的变换规律。绘制方框图的过程是认识电路的实践过程，是分析研究电路的主要手段，可为深入识读实用电路图奠定理论和实践基础。所画方框图可反映读者的识读效果和水平。

不管是整体板块或系统电路，都是以集成电路为核心的。一块芯片可以完成一个或几个电路系统的功能，但它经常需要外接一些分立件电路，分立件电路图通常是由晶体三极管或者晶体二极管组成的。绘制方框图时，都是以集成电路为中心，将几个集成电路通过信号连接线联系起来，构成系统、板块或整机方框图。有时还以方框形式画出三极管、二极管电路，偶尔以方框形式画出 RLC 等网络电路。方框图可简可繁，突出内容不同，方框图画法也不同。

（三）根据信号变换原理来分析实用电子电路原理图

在识读方框图的基础上，还必须进一步识读具体的实用电子电路原理图。而要真正理解电路原理图，必须结合信号变换的基本原理来进行识读。

二、识读电子电路图的方法步骤

先看电路边缘处最直观、易识读的元器件和电路，作为读图的入口，由这些外围易认元器件沿信号线向内（可能与信号流向反方向）可以识别其他电路或集成芯片。

任何一种电路图内部都有识读的优先环节。各部分电路的繁简、难易程度总有不同，而某些元器件的标志、符号不同于一般元器件，这些地方都可作为读图的内部优先环节、易读环节，可以选择这些地方作为读图的突破口，然后迅速向前、后、左、右联系，识读更多电路。

只要读者留心，在电路图内部总会发现许多已经熟悉的环节，抓住它们即可迅速找到读图的突破口。最直观、易读的内部环节就是集成电路，特别是那些大规模集成电路，它们的引出脚都在 40 个以上，多者达到数百个，在图中十分醒目，绘图者常把它们放置在电路图的中心或明显位置，以这些集成电路为中心向外扩展，可以识读更多电路。将集成电路作为内部突破口有一个前提条件，就是必须知道这些集成电路的具体型号，该型号集成电路的主要功能，熟悉其主要引出脚的名称和用途，否则将给读图带来许多不便。

电子电路图中还有一些易识读、易记忆的内容，也可以作为识读电路图的突破口。例如，图中标注的中文文字、外文字母或缩写词，一些重要而易读的元器件图形符号，如某些可调电阻或电位器等。为了能够方便、顺利地找到这些突破口，读者应当熟悉各种外文字母、缩写词的含义，这就要求读者具备一定的外语基础（一般为英语），熟悉常用的专业术语及其缩写词，熟悉元器件的功能、参数及指标等。读者的知识面宽一些，有利于读图，平时应当有意识地记忆一些相关的知识。

经过以上识读过程，电路图的大部分内容都可以读懂了。但是，还会余下局部电路尚存疑问。下一步可专门攻克难点。这是看图的难点部分，也是看图的最后一步。读者可通过各种方法或手段突破难点电路。在实用电子电路图上，难于识读的地方经常表现在两方面，一是由于没有搞清楚某些集成电路内部的信号处理过程，所以无法理解其外接引出脚功能；另一个是对某些外围分立元件电路设置的目的意义不了解，不知道信号处理过程。对于这些难点电路，可依据整机方框图中各个部分电路的功能和相互联系，通过逻辑分析、功能试探与信号流程等分析方法识读这些难点电路。

实际上，电子电路图上可供识读和利用的信息非常多，配合读者的综合、分析、研究，必能看懂全图。激光视盘机技术发展迅猛，厂家经常开发出新型电路或新功能的电路，甚至电路程式比较奇特。而每个人的实际情况也各不相同，看图和判断的方法可能稍有不同，看图步骤也不是一成不变的。可以在上述看图基本思路的基础上，灵活地完成看图工作。

三、识读集成电路图的方法和内容

（一）识读集成电路图的主要内容

1. 功能类型

首先要弄懂所使用的集成电路的型号、功能，这是识读集成电路图的第一步。

为了迅速、正确地识读集成电路图，读者应当积累一些常用集成电路的相关资料，如具体型号、功能等，了解集成电路发展的趋势和最新动向。

2. 信号流程

读集成电路图时，不应满足于掌握集成电路的类型和基本功能，还应当熟悉信号的处理过程。通常，集成电路内部的结构十分复杂，读图者不需要对它做过细的分析研究，而应当熟悉内电路的信号处理过程，或者说，应搞清楚其内部的功能方框图。由方框图可以看出信号的走向，可以看出集成芯片完成的具体功能。可以把集成电路看做一个元器件，不必过于追求这个元器件的结构和详细工作过程，但应当明确集成电路内各个方框完成的具体功能，即熟悉输入、输出信号形式，及变换过程中波形幅度、频率的变化规律，搞清各个方框之间的联系，信号在集成电路内的流向等。做到这一点，才算是基本读懂了集成电路图。

3. 内外联系

由于集成工艺的特点以及集成电路完成功能的需要，集成电路必须通过引出脚与外围元器件相联系。在读集成电路图时，必须将集成电路内外电路联系起来，将它们作为一个整体的电路系统，共同完成某些特定的功能。若不能够联系内外电路，将很难弄清信号走向，难于分析电路的功能。

4. 引脚功能

在集成电路图上，各个引脚不仅需要标出序号，还需要使用简单字母符号标出其名称。这些字母符号经常是英语的缩写词，用以表示该引脚的功能。在看集成电路图时，必须注意各个引脚的功能，因为它们是内外电路联系的纽带。要明确各引脚与内部各功能方框图的联系，还要明确引脚外接元件的功能。外电路通过引脚来配合内电路工作。有些引脚是集成电路的输入/输出端口，这些引脚对于识读集成电路图有重要意义。在识读集成电路图时，要逐个观察代表内部功能的各个方框图，同时识别相应的引出脚，识别外接电路或元件，这些都是识读集成电路图的主要任务。

（二）识别引脚的方法

1. 符号功能

根据设计要求，每个引脚都有自己的用途和名称，在各脚附近都标注有英文字母或缩写词。专业人员或维修人员根据图纸上的标注，即可知道该脚的性质及功能。

2. 信号波形

有些引脚是输入/输出信号端口，有些引脚是开关性或脉冲信号、数据流或模拟信号端口，有些引脚则是关键性的测试引脚。读者应当熟悉一些重要引脚的信号波形，了解信号的形状、幅度、频率，这对识读集成电路图具有很大帮助。

3. 相关参数

首先，要熟悉有关信号波形的参数，要明确信号的幅度、频率数值。其次，要熟悉引脚的电流、电压、电阻等方面的参数，尤其要明确该脚的静态工作电压和动态工作电压。对于那些动态、静态直流电压数值不相同的引脚，要特别注意。

4. 流向分明

还要重视引脚信号的流向问题，必须明确该引脚信号的名称，区分该引脚是信号输入/输出端，还是双向信号（I/O）端口。若信号流向不明确，将无法识读集成电路图。

参考文献

[1] 赵凤杰．汽车电气设备构造与维修［M］．北京：人民交通出版社，2005

[2] 孙余凯，项绮明．汽车电器识图技巧［M］．北京：人民邮电出版社，2003

[3] 麻友良．汽车电器与电子控制系统［M］．北京：机械工业出版社，2007

[4] 蒋崇贤，沙奇林．进口汽车电子线路分析与检修［M］．福州：福建科学技术出版社，1996

图书在版编目（CIP）数据

汽车电路分析/隋礼辉，张晓云主编
北京：中国人民大学出版社，2010
21世纪高职高专规划教材·汽车运用与维修系列
ISBN 978-7-300-11493-4

Ⅰ.①汽…
Ⅱ.①隋…②张…
Ⅲ.①汽车-电路分析-高等学校：技术学校-教材
Ⅳ.①U463.6

中国版本图书馆CIP数据核字（2009）第213366号

21世纪高职高专规划教材·汽车运用与维修系列
汽车电路分析
主编　隋礼辉　张晓云

出版发行　中国人民大学出版社
社　　址　北京中关村大街31号　　**邮政编码**　100080
电　　话　010－62511242（总编室）　　010－62511770（质管部）
　　　　　010－82501766（邮购部）　　010－62514148（门市部）
　　　　　010－62515195（发行公司）　　010－62515275（盗版举报）
网　　址　http://www.crup.com.cn
　　　　　http://www.ttrnet.com(人大教研网)
经　　销　新华书店
印　　刷　北京东君印刷有限公司
规　　格　185 mm×260 mm　16开本　　**版　　次**　2010年3月第1版
印　　张　8　　**印　　次**　2018年10月第5次印刷
字　　数　182 000　　**定　　价**　20.00元

教师信息反馈表

为了更好地为您服务，提高教学质量，中国人民大学出版社愿意为您提供全面的教学支持，期望与您建立更广泛的合作关系。请您填好下表后以电子邮件或信件的形式反馈给我们。

您使用过或正在使用的我社教材名称		版次	
您希望获得哪些相关教学资料			
您对本书的建议（可附页）			
您的姓名			
您所在的学校、院系			
您所讲授的课程名称			
学生人数			
您的联系地址			
邮政编码		联系电话	
电子邮件（必填）			
您是否为人大社教研网会员	□是　会员卡号：________ □不是，现在申请		
您在相关专业是否有主编或参编教材意向	□是　□否 □不一定		
您所希望参编或主编的教材的基本情况（包括内容、框架结构、特色等，可附页）			

我们的联系方式：北京市海淀区中关村大街31号
人大出版社教育分社
邮政编码：100080
电话：010-62515210
网址：http：//www. crup. com. cn/jyfs/
E-mail：jyfs _ 2007@126. com